COLLECTION POÉSIE

HENRY J.-M. LEVET

Cartes Postales

et autres textes

précédés d'une conversation de

Léon-Paul Fargue et Valery Larbaud

Édition de Bernard Delvaille

nrf

GALLIMARD

AVANT-PROPOS

> L'imperceptible orgueil d'user de mots anglais.
>
> LOUIS BRAUQUIER

Il est des vers qui hantent la mémoire et qu'on se transmet mystérieusement, comme une confidence :

Si tu vois Bénarès sur son fleuve accoudée…

ou :

À Londres, je connus Bella…

ou encore :

Il se fit tout à coup le plus profond silence
Quand Georgina Smolen se leva pour chanter…,

les deux premiers vers du Saule, *de Musset, que Jean Paulhan trouvait les plus beaux de la poésie française. Comment ne pas y joindre celui de Levet :*

L'Armand-Béhic (des Messageries Maritimes)…

dont les Cartes Postales *ne peuvent être comparées qu'aux* Chimères *de Gérard de Nerval, quelques poèmes que l'on porte en soi, un message secret, connu par cœur et qu'on se passe, d'un ton complice, et avec un sourire. Et si la magie de ce vers résidait uniquement dans ses parenthèses? À moins que ce ne soit dans le nom d'*Armand-Béhic, *Louis-Henri-Armand Béhic (1809-1891), homme politique et administrateur, qui, de 1867 à sa mort, fut président de la Compagnie des Messageries Maritimes, et qui donna son nom à un paquebot de la ligne d'Australie, mis en service en 1891.*

Henry J.-M. Levet figure dans presque toutes les anthologies de la poésie française. Qu'il fût successivement vice-consul de troisième classe à Manille, puis titulaire de la chancellerie de Las Palmas, aux Îles Canaries, a suffi à créer un nouveau domaine poétique, qu'on a, peut-être maladroitement, appelé « la poésie consulaire », voire diplomatique, à laquelle se rattacheraient Claudel, Saint-John Perse et Morand et, pourquoi pas? Joachim Du Bellay. Toutefois, il n'est pas isolé dans l'histoire de la lyrique française : il a un arbre généalogique. Tout d'abord, Musset, dont Georgina Smolen pourrait être la grand-mère de miss Florence Marshall qui, dans le poème Égypte-Port Saïd-En Rade, *chante « The Belle of New York », au salon. Dans la véranda de sa case, à Brazzaville, le jeune sous-administrateur des colonies ne feuillette-t-il pas les* Poésies *d'Alfred de Musset? Il y eut, bien entendu, Rimbaud (Levet souscrivit, pour dix francs, à l'érection de son buste, à Charleville), comme en témoignent la page de couverture et la page de titre de l'édition originale du* Pavillon ou la Saison de Thomas W. Lance, *qui reproduisent quelques lignes du poème* Enfance, *des* Illuminations. *Dans sa « conversation » avec Valery Larbaud, Léon-Paul Fargue citera un autre passage du même poème : « Des fleurs magiques bourdonnaient... » Et Jules Laforgue, non seulement pour son dandysme lunaire et ses dimanches ennuyés, mais pour le poème* Albums *:*

On m'a dit la vie au Far West et les Prairies,
Et mon sang a gémi : « Que voilà ma patrie!... »

Laforgue : un vers de la Complainte de l'époux outragé *sert d'épigraphe au poème* Christmas *du* Pavillon *:*

Les Christ n'ont pas la croix d'honneur.

Un poète moins important, mais tout à fait attachant, eut peut-être sur Levet une influence décisive. C'est Ernest d'Hervilly. « Anglais par l'humour, Japonais par la bizarrerie, il est en même temps le plus parisien des Parisiens », ainsi le définit Catulle Mendès. Né en 1839 à Paris, il était dessinateur aux Chemins de fer du Nord et piqueur, c'est-à-dire agent assermenté chargé, aux Ponts et Chaussées, de la surveillance des travaux. Il mourut, en 1911, à Champigny-sur-Marne. Auteur de romans, et, comme Levet, de saynètes, il publia, en 1874, un recueil intitulé Le Harem, *dont nombre de poèmes semblent annoncer les* Cartes Postales. *Qu'il suffise de citer quelques vers de* À la Louisiane *:*

Chez Jefferson and C° dont le coton par balles
Gorge Le Havre et Manchester…

…

L'œil clos, Miss Tilda suit David Brooks, son amant
Sous les houles de l'Atlantique…

ou de High Life *:*

Il est doux d'être anglais et de suivre à Saint James
Sur un cheval pur-sang une miss aux yeux bleus
Assise en sa calèche entre deux vieilles dames
Dont le chapeau supporte un oiseau fabuleux…

Catulle Mendès reprochait à Ernest d'Hervilly d'avoir « déchiré la rotondité du rythme. En même temps, l'affectation du flegme britannique interrompt trop souvent chez lui la naïveté du lyrisme. » C'est bien là son originalité. On aurait pu, vers 1925, adresser le même reproche à Levet, mais la déchirure de « la rotondité du rythme » avait alors été pratiquée par Cendrars et, dans une moindre mesure, par Apollinaire. Il ne s'agit pas d'enjambements audacieux, chers à Théodore de Banville :

Depuis douze ans bientôt passés, j'habite, rue
De l'Éperon, au rez-de-chaussée, un très vieil
Hôtel, hanté par les oiseaux et le soleil…

ou, plus tard, à Tristan Derème :

Tu n'es plus là. J'ai lu Delille et l'*Annuaire*
Des Téléphones pour ne plus songer à tes
Sanglots...

Non. Il s'agit, chez Levet, d'une redistribution des hémistiches, du déplacement, au milieu d'un mot, de la césure, qui disloque l'alexandrin, dont le charme est encore accentué par les parenthèses :

L'*Armand-Béhic* (des Mes/ /sageries Maritimes)...

Levet avait-il lu les poètes de l'Île Bourbon, Auguste Lacaussade ou Léon Dierx ? Et John Antoine Nau, premier lauréat du prix Goncourt, en 1903, né à San Francisco en 1860, qui vécut aux Îles Caraïbes, aux Baléares et aux Canaries, avant de rassembler, en 1904, ses poèmes sous le titre de Hiers bleus, *poèmes intitulés* Sunny Summer Day, Caladoras (Teneriffe) *ou* Lily Dale *:*

Lily, fûtes-vous une barmaid poétique
Dans un vieux bar de l'*Est*, bleu de fumée,
Où l'ivrognerie était douce et romantique,
Où des loups de mer et des gamins pâles vous aimaient ?

Valery Larbaud lui a consacré un long article, publié dans La Nación *de Buenos Aires en avril 1924 et repris dans* La Revue Européenne *du 1er septembre.*

Avait-il eu vent du Pantoun des Pantoun *de René Ghil, paru, sans nom d'éditeur, à Paris et Batavia, en 1902 :*

À lourds torrents sur Buitenzorg — il pleut peut-être :
mais le goum'toun se tait pour Batavia.
Écoute !

Il faut plutôt penser, comme il en est pour les découvertes scientifiques, que les recherches poétiques sont discrètement, tacitement, parallèles. En revanche, s'il n'est pas toujours facile de discerner les influences subies, il est plus aisé de constater les ricochets. Ainsi de Louis Chadourne, qui écrira, dans West Indies *:*

Plus tard, je dirai : « C'était à la colonie...
Un soir d'octobre doux comme un air de France,
Un soir de Trinidad, aux Antilles Anglaises,
Arabella, mon cœur, revenait du tennis... »

Chadourne, non plus que Roger Allard ou René Chalupt ne citent Levet. Il n'en va pas de même pour Valery Larbaud — mis à part son travail d'éditeur et la « conversation » qui précède l'édition des Poèmes *— ou pour Paul Morand. Larbaud a exprimé son admiration dans* Le Gouverneur de Kerguelen, *un court essai paru aux éditions Champion en 1933 et repris dans* Aux couleurs de Rome. *C'est le jeu « de l'île déserte ». En poste aux îles Kerguelen, « quels sont les trois livres que,* personnellement, *vous placez au-dessus de tous les autres et qui ont exercé une influence décisive sur votre formation littéraire ? » Larbaud gauchit un peu la question et nomme quatre auteurs, « pour lesquels mon admiration et envers lesquels ma dette sont, en effet,* personnelles, *puisqu'ils n'appartiennent pas, ou pas encore, au fonds commun et* *général des Humanités». Il cite Lautréamont, Henry Bataille, «poète de talent, dont le recueil (*Le Beau Voyage*) rencontré trois ou quatre ans après les* Cartes Postales *de Levet, m'a apporté un réconfort du même genre», Saint-John Perse et Henry J.-M. Levet, «dont le nom sonne encore si peu en dépit de l'édition posthume de ses* Poésies *que j'ai faite en collaboration de L.-P. Fargue, mais de qui les* Cartes Postales, *lues à dix-neuf ans dans une petite revue, m'ont grandement encouragé à persévérer dans les recherches d'expression qui m'occupaient alors». Se ravisant, il se limitera aux «trois écrivains morts» et abandonne Saint-John Perse.*

De son côté, Paul Morand ne demeura pas insensible aux poèmes de Levet, qui, le 2 octobre 1916, note dans son Journal d'un attaché d'ambassade *: «Berthelot me demande de lui retrouver le livre de poèmes de notre ancien collègue J.-B. Levet* [sic]. *"Mais maintenant il faut que vous me retrouviez les poèmes de Levet." Je lui parle d'un extraordinaire roman inachevé de Levet, dont L.-P. Fargue et Larbaud m'ont raconté l'histoire et qui s'appelle* L'Express de Bénarès. *Berthelot en connaissait le titre. Fargue donne des détails incroyables sur ce livre, dont le thème est la toute-puissance de l'argent. Un millionnaire veut essayer le pouvoir de son or sur l'homme du jour qui se trouve être le commandant Marchand; il court à Fachoda, se glisse dans le lit du commandant...; ce héros bondit sous l'outrage, mais, devant le tas croissant de banknotes que lui tend le richard, il s'incline, et l'on devine le reste...» Le 12 octobre, toujours dans ce* Journal, *Morand affirme avoir retrouvé les* Poèmes *de Levet : «"Récitez", me dit Berthelot. Je commence.» Morand récite* République Argentine *:*

Ni les attraits des plus aimables Argentines…

Berthelot évoque un « livre » de poèmes. Or, mis à part les deux plaquettes, Le Pavillon *et* Le Drame de l'Allée, *il n'en existait pas, et ni l'une ni l'autre n'auraient retenu son attention. Comment connaissait-il les trois « cartes postales » citées par Marie-Louise Fallières dans son article de* L'Effort *du 1er mai 1902 ? Par Marcel Ray ? c'est peu probable. Plutôt par Marcel Moszkowski, diplomate que Fargue connaissait. Françoise Lioure, dans son édition de la* Correspondance Valery Larbaud-Marcel Ray *écrit, en note : « Nous ne connaissons ce personnage, dont le nom est Marcel Moszkowski, que par une carte postale qu'il adressa à Larbaud, de Grenade, le 12 octobre 1925. Diplomate et amateur de littérature, il était ami de Fargue. » Paul Morand a pu le connaître au Quai d'Orsay en 1912 ou 1913 : « J'avais copié les poèmes de Levet sur l'exemplaire dactylographié de Moszkowski. Je possédais ainsi toute une bibliothèque d'ouvrages introuvables, tapés à la machine :* Le [sic] Partage de Midi, Éloges, *etc… »*

Quelques années plus tard, dans Rien que la terre *(1926), Morand évoquera encore « ce doux J. M. Levet qui boit de l'eau du Gange dans la calotte de François Coppée, et qui a ses disciples », ajoutant, dans un texte intitulé* Océan Indien *: « Je récite le poème de Levet qui éclaira mes vingt ans :*

L'*Armand-Béhic* (des Messageries Maritimes)
File quatorze nœuds sur l'Océan Indien…

*Où est l'*Armand-Béhic *? Coulé ? Dégonflé ? Sa pauvre carcasse depuis longtemps un fantôme ? Et celle de Levet, où est-elle ? »*

Dans Réflexes et Réflexions *(1939), Morand confiera encore : « Henry J.-M. Levet, dont les poèmes ont tant inspiré Larbaud avant d'influencer* Lampes à arc. »

*L'*Armand-Béhic *a rejoint ces bateaux auxquels, plus tard, Louis Brauquier, longtemps agent des Messageries Maritimes, songera avec nostalgie, « ces navires rayés du contrôle des flottes », le* Merchant Prince, *le* Marnix Van Sant-Aldegonde, *l'*Helena-Phrangopoulos, *l'*Arandora-Star *et*

jamais rencontré, sinon entre les pages
Du Lloyd's Register, ce *Cap-des-Palmes*, si beau,
Qui se reflète au miroir plat d'un golfe triste.

BERNARD DELVAILLE

L'ÉDITION DES « POÈMES » DE HENRY J.-M. LEVET

Fin mai 1902, Valery Larbaud écrit à son ami Marcel Ray : « J'ai découvert un nouveau poète français : Henry Levey ; il écrit dans La Grande Revue *en vers faux. C'est, par moments, très beau. » Il venait de lire, dans* L'Effort *(revue fondée à Toulouse, par Maurice Magre, en 1895) du 1er mai, à la rubrique intitulée « Les jeunes revues », un article de Marie-Louise Fallières (pseudonyme d'Eugène Azémar, codirecteur de* L'Effort *sous le nom de Robert de Miranda) signalant la publication dans* La Grande France *d'avril de poèmes de Levet. Elle en reproduisait trois* in extenso *:* Algérie-Biskra, Côte d'Azur-Nice *et* République Argentine-La Plata. *Dans le* Journal de Quasie, *dont une partie a été détruite (« Ceci est le journal de bord d'une jeune limousine peinte en bleu de roi à filets bleu clair, et qui a reçu son nom d'une petite fille surnommée Quasie »), Larbaud écrit : « J'ai lu pour la première fois trois de ses poèmes dans* L'Effort *de juillet* [sic] *1902, où ils étaient cités (ils avaient paru dans* La Grande France *de mai 1902* [sic]*). » En juillet 1902, Larbaud et sa tante se trouvent à Munich, où ils rejoignent Marcel Ray. Dans la « conversation » qui précède les poèmes de Levet dans l'édition de*

1921, on lit : « Pendant ce même été, j'allai voir Marcel Ray à Munich, et je me souviens de lui avoir récité ces Cartes Postales *par une belle matinée de juillet tout en marchant sur le sable fin du rivage de la Starnberg See, tandis que nous attendions le petit vapeur qui devait nous mener à l'embarcadère peint en blanc et bleu, là-bas en face, sous une colline toute couverte de grands sapins. » Il ajoute, dans le* Journal de Quasie *: « J'avais eu, peu après, des renseignements par Marcel Ray (à Munich, juillet 1902) qui m'avait rapporté quelques détails sur la vie de Levet à Montbrison. Charles-Louis-Philippe me donna quelques renseignements nouveaux en novembre 1906 et Marcel Ray m'apprit la mort de Levet en décembre 1906. Je songeai bientôt à faire une édition. Je fis paraître une note dans plusieurs revues, demandant des lettres de Levet aux personnes qui l'avaient connu. Cela ne fournit rien. » Dans* La Phalange *du 10 septembre, puis dans le* Mercure de France *du 1er octobre 1910, Larbaud avait fait paraître la note suivante : «* "Reliquiae" *d'Henri Levet. Quelques amis du poète Henri Levet ont résolu de publier ses* "reliquiae"*. Cette édition sera précédée d'une notice biographique. Les personnes qui possèdent des lettres de Henri Levet ou des documents concernant la vie et les œuvres de Henri Levet sont priées de vouloir bien communiquer par écrit avec M. Valery Larbaud, 125, bd de Montparnasse Paris. » Le 30 décembre 1906, Marcel Ray avait annoncé à la mère de Larbaud la mort de Levet, et souhaitait « que Valery mette au point ses manuscrits pour qui j'ai beaucoup d'estime ». D'une lettre de Larbaud à Marcel Ray, datée du 21 juillet 1907 : « J'ai passé deux heures avec [Charles-Louis] Philippe parlant de litté-*

rature. Je lui ai dit qu'on devait réunir et publier les vers, etc. de J. M. Levey. Mais je lui en parlerai encore. Je m'en occuperai moi-même au besoin.» Et, le 18 novembre, au même : *«Philippe m'a reparlé d'une édition à faire des* Cartes Postales *de J. M. Levey. Je m'en occuperai. Si je suis en fonds au printemps, je pourrais payer l'impression et la reliure, etc. de 50 exemplaires de luxe chez Mr. Moring, à la De la Mare Press, la maison d'édition des jeunes à Londres. Ce serait très joli, Levey édité à Londres (pour la première fois — car on le rééditera, soyez-en sûr).»*

Le 28 février 1911 (Mardi gras), Valery Larbaud et Léon-Paul Fargue se rendent de Vichy à Montbrison afin d'obtenir des parents de Levet l'autorisation de publier les œuvres de leur fils, ainsi que des renseignements biographiques. Dans la deuxième partie du Journal de Quasie, *intitulée* Le Forez, *Larbaud écrit : «Parti avec Léon-Paul Fargue de Vichy, à une heure et demie, en auto. But du voyage : Montbrison, pour avoir une entrevue avec M. Levet au sujet de la publication des œuvres de son fils Henry J. M. Levet [...] Visite au cimetière : caveau de famille des Levet ; déposé des cinéraires en fleurs. Des rayons de soleil dans tout le cimetière. Mauvais dîner. Après dîner, au Café du Théâtre. Nous y étions seuls : parlé de Levet avec le patron. — 1er mars : Montbrison. Restés au Lion d'Or jusqu'à midi dans nos chambres. La ville est triste : courte promenade. Bon déjeuner à l'hôtel. Visite aux Levet. Saint-Étienne. Dîner. Soirée à l'Eden-Théâtre : une revue locale. Sous tout cela le récit de la mort de Levet et le souvenir de l'entrevue de Montbrison.»*

En mai 1946, Valery Larbaud communiqua à G. Jean-

Aubry quatre feuilles arrachées d'un grand registre et portant, de sa main, le texte suivant : « Ceci est tiré du Journal de Quasie, *sous la date du 2 mars 1911 (Saint-Étienne, Hôtel de France, place Dorian). J'ai mis en note : "Le récit détaillé de cette visite a été réservé pour une biographie future de Henry J. M. Levet. Il y aurait indiscrétion à la publier maintenant." J'ajouterai que je ne veux pas prendre sur moi de la publier, tôt ou tard. Si un jour quelqu'un s'attelle à la biographie de Levet, il pourra trouver ce récit ici. J'ai détruit le manuscrit du* Journal de Quasie, *et détruirai aussi cette partie secrète dès que je l'aurai recopiée ici. »*

Cette visite à Montbrison donne l'impression d'une indéfinissable déception, due peut-être, pour Larbaud, à la contradiction existant entre la vie provinciale et l'exotisme des poèmes de Levet. G. Jean-Aubry remarque : « Ils eurent l'impression de s'être approchés aussi près que possible d'Henry Levet, dans cette ville où il venait passer ses vacances, "où il revenait, de temps en temps, après ses voyages aux Indes et ses séjours comme vice-consul aux Philippines et aux Canaries". Les parents, toutefois, se montrèrent opposés à leur projet d'éditer tout ce que Levet avait laissé, et, entre autres, ce roman L'Express de Bénarès, *dont Fargue avait entendu la lecture faite par l'auteur et dont le chapitre "Histoire d'un dompteur d'éponges" l'avait particulièrement diverti. Pour "ne pas contrarier le désir de ces pauvres parents si jaloux de garder pour eux seuls la mémoire de leur fils qu'ils demandent l'oubli pour son œuvre", ils n'envisagèrent plus que de rééditer les quelques poèmes retrouvés dans des revues. »*

En effet, à leur retour à Vichy, Léon-Paul Fargue trouva une lettre de M. Levet, datée de Montbrison, le 2 mars

1911 : « Mon cher Monsieur, nous avons été heureux, hier, madame Levet et moi de recevoir votre visite ; vous étiez un ami de mon fils et je sais combien il avait d'affection pour vous. Nous vous savons gré de la pensée que vous avez eu [sic] *de publier un ouvrage pour honorer sa mémoire ; mais je viens vous prier de ne pas donner suite à cette idée. Mon état de santé ne me permet pas de rechercher dans mes papiers ce qu'il y aurait intérêt à publier. D'un autre côté, les parents et amis d'Henry n'ont pas besoin de cela pour ce* [sic] *rappeler les* [sic] *qualités d'intelligence et de cœur. Quant aux indifférents, l'ouvrage ne présenterait aucun intérêt pour eux ! Je n'ai pas besoin de vous dire que nous serons toujours heureux de vous revoir et de parler de notre fils. / Veuillez agréer, mon cher monsieur Fargue, l'assurance de mes meilleurs sentiments. / G. Levet. »*

Léon-Paul Fargue s'était montré assez réticent quant à sa participation à l'introduction commune, prévue par Valery Larbaud, à l'édition des poèmes de Levet. En 1912, il travailla, semble-t-il, à une biographie de celui-ci, qu'il avait bien connu. Fin juillet, de Hastings, Larbaud écrivait à Gaston Gallimard : « Dites-lui de préparer un article de souvenirs sur Levet, parce que j'ai décidé d'écrire un long article sur l'œuvre de Levet pour l'offrir à La Phalange. *» À l'un les souvenirs personnels, à l'autre la découverte littéraire.*

Larbaud prépara une ébauche d'introduction, dans laquelle il ménagea des blancs pour inciter Fargue à les remplir. Cette ébauche sera, en partie, reprise dans la « Conversation ». Aussi ne la reproduisons-nous pas. Elle le fut dans le Cahier des Amis de Valery Larbaud *n° 12, en 1974.*

Elle inspire, toutefois, quelques réflexions. Larbaud, qui n'avait pas connu Levet, dut se sentir en position d'infériorité par rapport à Fargue. Il se livra à quelques élans lyriques, qui ne furent pas repris dans le texte définitif. Ainsi, évoquant la lecture qu'il fit à Marcel Ray, sur le rivage du lac de Starnberg, de quelques poèmes de Levet, ajoute-t-il : « Les lilas fleurissent tard en Bavière... Oh ! la découverte d'un vrai poète quand on a vingt ans ! » Sera supprimée l'allusion à un roman entrepris par Fargue : « Je pense à un fragment, que tu m'as lu, d'un roman que tu avais commencé vers l'époque où tu as écrit Tancrède, *et que tu n'as pas achevé. Il y avait un début de chapitre : "Rue Lepic. Levet retour de Montbrison". Sans doute, c'est à Paris, à Manille et à Las Palmas qu'il a le plus vécu, mais ici on retrouve ses traces : une partie de son enfance, ses vacances en famille et des passages à ses retours d'Extrême-Orient... Montbrison... Où ai-je lu ces vers, et de qui sont-ils :*

Ô rives de Lignon ! ô plaines de Forez !
Lieux consacrés aux amours les plus tendres ;
Montbrison, Marcilli, noms toujours pleins d'attraits... ?

Le Vizézy... Le "Quai des Eaux Minérales"... et ces tristes feux de joie que les enfants avaient allumés dans les rues étroites sous la montagne violette... »

La biographie prévue par Fargue semble donc s'être limitée à une ébauche de roman. Ou pourrait-il s'agir d'un poème intitulé Marie Pamelart ou La Rue Lepic, *dont il semble n'avoir subsisté qu'un fragment ? Celui-ci parut dans*

Commerce, *hiver 1928, avec d'autres textes, sous le titre général de* Vieille France *et, intitulé* Talus, *fut repris dans* D'après Paris *(Gallimard, 1932) : « Nous longions tristement des régiments de grilles. Les roseaux étaient de feu blanc. Levet, sous sa casquette de marin d'eau douce, Francis, rehaussé d'un col chevalière, et moi, coiffé d'un chapeau peintre, nous désirions beaucoup, nous ne demandions rien. Nous commencions la longue marche de la vie, pleins d'un espoir immense et mal dissimulé, donnant dès le départ toute notre vitesse [...] Nous pourchassions l'immense variété de vivre. Nous déchirions l'album des rues et des boutiques. Nous courions dans les fêtes en voleurs d'images. [...] Moi, je pensais à Marie Pamelart, que nous avions rencontrée rue Lepic, et qui avait les yeux tout en pinceaux et en fourrures. Nous allions ainsi, tous les trois, sur une terre douce, sans automobiles et sans artillerie lourde, jusqu'à l'heure où le crépuscule coulait son cœur dans l'apéritif, jusqu'au moment où la lumière faisait sa toile dans la ville. Philippe et Levet, où êtes-vous ? N'avez-vous pas quelque chose à nous dire ? »*

Le projet d'éditer les poèmes de Levet ne devait se réaliser que quelques années plus tard. Lors d'un séjour à Barcelone, en avril 1915, Larbaud confia la copie qu'il avait faite des poèmes jusqu'alors connus de Levet au peintre catalan Joaquin S. y Myro Sunyer. Celui-ci, né en 1875, avait vécu à Paris de 1893 à 1911 et fréquenté, à Montmartre, Steinlen, Willette, Utrillo et Levet. Il avait illustré Les Soliloques du pauvre, *de Jehan Rictus. Puis, il s'établira définitivement à Sitges, près de Barcelone. Il ne renverra la copie des poèmes de Levet qu'en février 1920.*

D'Alicante, le 20 janvier 1920, Valery Larbaud écrit à Adrienne Monnier : « Impossible de trouver Romains à Barcelone, ni de mettre la main sur l'ami à qui j'avais confié ma copie des poèmes de Levet, que Littérature *m'avait demandée. » Et, le 28 février, à la même : « Avant-hier j'ai reçu mes notes manuscrites sur Henry Levet, que son ami le peintre catalan Sunyer m'a renvoyées enfin. Comme elles sont illisibles, j'en ai tiré une espèce de Notice d'une dizaine de pages, précédée d'une lettre ouverte à M. Louis Aragon, et j'ai copié deux fois chacun des poèmes de H. Levet destinés à paraître dans* Littérature. *Il y a une copie "soignée" et une autre moins élégante, qui est celle que je vais envoyer... »*

Valery Larbaud avait rencontré Louis Aragon en juin 1919, dans la librairie d'Adrienne Monnier et lui avait proposé, pour Littérature, *fondée en mars, les poèmes de Levet. Aragon avait accepté. Mais, à partir de 1920,* Littérature *publia surtout des poèmes d'esthétique dadaïste et les poèmes de Levet n'y parurent pas. Larbaud les proposa alors à la* Revue de Paris, *qui les refusa.*

Or, la mise au point d'un manuscrit définitif destiné à une publication en volume était loin d'être terminée. Toujours d'Alicante, Larbaud écrit à André Gide, le 3 mars 1920 : « Une fois la grève finie, j'enverrai à Littérature *les poésies d'Henry Levet dont je vous ai parlé », et, le lendemain, à Adrienne Monnier : « La grève étant finie, je me risque à vous envoyer les papiers Levet pour* Littérature. *Sous cette enveloppe vous trouverez l'introduction que j'ai faite aussi courte et complète que possible (j'ai renoncé à l'idée de la "Lettre ouverte" dont je vous parlais ; je crois que l'introduction va mieux ainsi). Peut-être conviendrait-il de la pla-*

cer après *les poèmes dans la revue; mais de cela M. Aragon jugera mieux que moi. D'autre part, mais en même temps que ceci, je vous envoie le texte des* poèmes de Levet. *C'est la copie soignée dont je vous parlais. Je n'avais pas, d'abord, l'intention de l'envoyer, et même je l'ai donnée à deux jeunes filles que j'ai rendues amoureuses — rassurez-vous — de la poésie française. ... Ce manuscrit est donc doublement précieux : parce qu'il est très net et parce qu'il n'est pas à moi. Et si je l'ai redemandé, et si je me décide à l'envoyer, c'est parce que je tiens à ce que* Littérature *publie un texte irréprochable des poèmes de Levet. Lorsque le nº de la revue aura été imprimé, vous reprendrez le ms. et le tiendrez en votre gracieuse garde jusqu'à ce que je revienne vous le demander. Dès que vous l'aurez reçu, un mot sur une carte postale, je vous en prie. Car, faire passer une frontière à un manuscrit, c'est une action bien risquée. Une frontière est pour un manuscrit ce qu'est la haie suivie du fossé pour un cheval de course.* »

À cette date, Valery Larbaud n'était pas sûr qu'il n'y eût pas encore quelques poèmes de Levet à découvrir, notamment dans La Grande France, *dont la Bibliothèque Nationale ne possédait pas la collection complète. Il se mit alors en rapport avec Marius et Ary Leblond qui avaient, avec Auguste Brunet, fondé, en 1900, cette revue. Marius Leblond (de son vrai nom Georges Athéna, 1877-1955) était né à Saint-Denis de la Réunion et Ary Leblond (de son vrai nom Aimé Merlo, 1880-1958) à Saint-Pierre de la Réunion. Ils avaient publié, en 1902, des* Vies parallèles, *où ils décrivaient Paris vu par des voyageurs exotiques et connurent quelque célébrité par leurs romans coloniaux. Quant à Auguste Brunet, il publia, en 1920, un recueil de poèmes,* Exil doré des îles *:*

Dites, n'étiez-vous pas les sages enfants douces
De l'allée aux fruits bleus que berce le vent pur
Et les sœurs de la douce enfant des « Pamplemousses » ?

Il y avait là comme un souvenir des Hiers bleus *de John-Antoine Nau, chers à Larbaud !*

Fernand Gregh écrivit des vers d'Auguste Brunet : « Ils tombent dans un silence qu'ils créent eux-mêmes comme les gouttes d'un jet d'eau à l'ombre des stores. » Il est aisé de comprendre pourquoi tous trois avaient été sensibles aux poèmes de Levet.

Ary Leblond communiqua à Larbaud les numéros de La Grande France *de février à octobre 1902. Celui-ci put ainsi vérifier, dans le numéro d'avril, le texte des trois poèmes découverts dans* L'Effort *du 1er mai 1902 :* Algérie-Biskra, Côte d'Azur-Nice, République Argentine-La Plata, *qu'il avait recopiés pour les demoiselles Peñalver, à Alicante. En outre, il découvrit, dans le numéro de septembre, deux autres poèmes :* Japon-Nagasaki, *dédié à Auguste Brunet et* Égypte-Port Saïd-En Rade, *dédié à Gabriel Fabre, compositeur qui avait été le voisin de Levet, 63, rue Lepic. Ary Leblond conseilla aussi de consulter* La Vogue, *fondée en 1886 par Gustave Kahn. Larbaud put y découvrir, dans le numéro du 15 mars 1900, quatre autres poèmes de Levet : les* Sonnets torrides *(*Outwards, British India, Homewards*) et* Possession française. *Restait* La Plume, *fondée en 1888 par*

Karl Boès, où avait paru, dans la livraison du 1er février 1901, le poème Afrique occidentale, *dédié à Léon-Paul Fargue. Larbaud avait d'abord songé, de façon tout à fait arbitraire, à placer en tête des* Cartes Postales *d'origine une dédicace générale à Fargue. Il écrit à Adrienne Monnier, le 26 mars 1920 : « Oui, dites à* Littérature *d'insérer en tête des* Cartes Postales *de Levet la dédicace "À Léon-Paul Fargue" ». La découverte d'*Afrique occidentale *mit fin à cette idée. Notons que, dans le numéro de* La Plume *du 15 août 1901, c'est-à-dire quelques mois plus tard, Larbaud publiera ses premiers travaux d'angliciste, des* Ballads and Songs, *traduction de ballades et complaintes : version en prose d'une ballade irlandaise,* Ann de Lochroyan, *d'une* Chanson du tabac *du XVIIIe siècle, d'une chanson en patois du Northumberland du XVIIe siècle,* Mollee, *d'un fragment du* May-Pole *et d'une complainte écossaise,* Saphia.

Le bulletin de « La Maison des Amis des Livres » daté du 25 juin 1920 annonça, pour paraître en octobre : « Cahier V Henry Levet (1874-1906) — Poèmes *— Préface de MM. Valery Larbaud et Léon-Paul Fargue. » Le format prévu (19 × 25) était celui de l'*Introduction à quelques œuvres, *de Paul Claudel (premier cahier, avril 1920),* Guerre et littérature, *de Georges Duhamel (deuxième cahier, juillet 1920),* Une antienne de la terre, *de Francis Thompson (troisième cahier, octobre 1920) et* Georges Duhamel, *de Luc Durtain (quatrième cahier, octobre 1920). On sait qu'Adrienne Monnier appréciait particulièrement les poèmes de Jules Romains et, conséquemment, les premiers livres de Duhamel et de Durtain, tous deux issus* *du groupe de l'Abbaye et de la mouvance unanimiste. Elle publiera, toujours en 1920, les* Poèmes 1911-1918 *de Georges Chennevière, avant que Gallimard ne fasse paraître, en 1929, ses* Œuvres poétiques. *Le cinquième cahier ne fut pas les* Poèmes *de Levet, mais* Album de vers anciens *de Paul Valéry. Le sixième cahier (novembre 1920) sera le texte de la conférence sur* Samuel Butler *prononcée par Larbaud, en la librairie, le 3 novembre 1920. Les récentes découvertes des poèmes parus dans* La Grande France, La Vogue *et* La Plume *allaient donc repousser de quelques mois l'édition prévue. Le 28 décembre 1920, Larbaud écrit à Adrienne Monnier :*

« Triomphe complet. J'ai retrouvé le poème de H.J.M.L. dédié à L.P.F. il était dans La Plume *du 1er février 1901. J'ai dépouillé* La Plume *et c'est tout ce qu'il y a de Levet. Au sommaire de 1901, mon nom voisine avec le sien. Et que de choses — demi-oubliées j'ai revues ! J'ai quitté la B.N. rajeuni de vingt ans.*

» Voici le poème. Par sa date, il se place entre le groupe "Sonnets torrides" et le groupe "Cartes postales" proprement dites. Il faut donc le sandwicher entre "Possession Française" et "Algérie-Biskra".

» Cette trouvaille modifie la note, comme suit :

» Au recto du feuillet :

Cartes postales
(sans dédicace)

au verso :

NOTE

» Nous avons réuni sous le titre général de Cartes Postales les poèmes suivants retrouvés dans des revues :

» Sonnets Torrides (4 pièces) parus dans "La Vogue", 15 mars 1900.

> Ici ce que j'ai dit des palmes académiques et du Comité Rimbaud à propos de "La Vogue".

» Afrique occidentale (1 pièce) parue dans "La Plume", 1er février 1901.

» Cartes-Postales (5 pièces) parues dans les nos d'Avril et de Septembre 1902 de "La Grande France".

» (Et là-dessus la note remerciant Ary Leblond).

» À jeudi, midi.

» Amitiés. »

Les Poèmes *d'Henry J.M. Levet* (Deux poésies. — Le Drame de l'Allée. — Le Pavillon, *avec la préface d'Ernest La Jeunesse.* — Cartes Postales*), précédés d'une Conversation de MM. Léon-Paul Fargue et Valery Larbaud [On constate que, contrairement au libellé de l'annonce du « cahier » à paraître en octobre 1920, les noms sont, ici, dans un ordre inverse], parurent enfin aux éditions de « La Maison des Amis des Livres », en avril 1921.*

Le mercredi 13 avril 1921, « à 9 h. précises du soir », eut lieu à « La Maison des Amis des Livres », rue de l'Odéon, une séance consacrée à Henry J.M. Levet : « Introduction dialoguée par MM. Léon-Paul Fargue et Valery Larbaud. Lecture de poèmes. Nous rappelons que les places, dont le nombre est très limité, doivent être retenues à l'avance. (7 francs pour les sociétaires de "La Maison des Amis des

Livres", qui ont droit à deux places à ce tarif — 10 frs pour les autres personnes.)»

À propos de cette «introduction dialoguée», Marcel Proust, quelques semaines plus tard, écrira à Léon-Paul Fargue : «Vous et votre ami Valery Larbaud vous avez écrit un dialogue comme Platon en écrirait aujourd'hui, sans vain pastiche. Et le décor n'est pas une rivière de Grèce, mais à l'intérieur d'une limousine. Je ne peux vous dire combien tout cela m'a plu…»

Peu de temps après la parution du livre, d'aucuns crurent à une supercherie, comme en témoignent une lettre inédite de Logan Pearsall Smith à Valery Larbaud et une lettre de celui-ci à une correspondante inconnue.

Le 15 mai 1921, Logan Pearsall Smith, dont Trivia *allait paraître quelques mois plus tard chez Bernard Grasset (collection «Les Cahiers verts») dans une traduction de Philippe Neel et avec une introduction de Valery Larbaud, écrit à celui-ci, de Big Chilling, Warsash, Hants. :*

Dear Sir, I must thank you very sincerely for sending me that account of the charming but, I fear imaginary, poet of the *Cartes postales.* I almost believed in him at first, he is presented with such art, & contemporary literature abounds with so many extravagances.

I feel that I am endebted to you in other ways, first of all in the great and special pleasure your book *Enfantines* gave me. I have read and re-read it, & made all my friends read it, & taste with me the delight — so rare nowadays, of finding in a contemporary book prose which is really prose, with the exquisite qualities of the medium.

I also owe to you, I believe, the suggestion that Dr Neel should translate my little book « Trivia » — he has done it I think admirably — much better than I ever imagined it would be done, & our correspondence & relation have been altogether charming.

Mr. Festing Jones tells me that you are sometimes in London. If you ever are, & have a little time to spare, it could be a great pleasure to me to see you. I am in the country just at present, but my home is in Chelsea (11 St Leonard's Terrace) & if you could let me know, we might make an appointment.

Thanking you again for your kindness, I remain, yours very sincerely, L. Pearsall Smith.

(Reproduit grâce à l'amabilité de Mlle Isabelle Minard, Médiathèque Valery Larbaud, Vichy.)

[Cher monsieur, Il me faut vous remercier très sincèrement de m'avoir envoyé le livre du charmant, mais imaginaire, je le crains, poète des *Cartes postales.* J'y ai tout d'abord cru — il est présenté avec un tel art, et la littérature contemporaine n'est pas avare d'extravagances !

Mais je pense vous être redevable aussi d'autre chose. Tout d'abord pour le grand plaisir, si particulier, que m'a donné votre livre *Enfantines.* Je l'ai lu et relu, et fait lire à tous mes amis et j'ai éprouvé le plaisir, si rare de nos jours, de trouver dans un ouvrage contemporain, une prose qui est véritablement prose, avec toutes ses exquises qualités.

Je vous dois aussi, me semble-t-il, d'avoir suggéré que M. Neel traduise mon petit livre, *Trivia.* Il l'a admirablement fait, beaucoup mieux que je n'aurais imaginé que ce fût possible, et notre correspondance et nos rapports ont toujours été charmants.

M. Festing Jones me dit que vous venez parfois à Londres. Si jamais c'était le cas et que vous ayez un peu de temps à perdre, ce me serait un grand plaisir de vous rencontrer. Je suis en ce moment à la campagne, mais j'habite Chelsea (11 St Leonard's Terrace) et si vous me prévenez nous pourrions prendre rendez-vous.

Merci encore pour votre amabilité. Je demeure bien sincèrement vôtre. L. Pearsall Smith.]

De Hiawatha East, Shoreham Beach, Sussex, le 26 mai 1921, Valery Larbaud écrit (destinataire inconnue) :

Chère Madame et amie, je ne sais comment cela se fait, mais votre aimable lettre du 14 mai ne me parvient qu'aujourd'hui. Excusez donc mon retard à vous répondre.

Oui, en effet, nous avons dû supprimer, dans notre édition de Levet, quelques répliques de notre conversation, justement parce qu'elles auraient paru un peu trop pittoresques. Savez-vous que beaucoup de gens — même après tout ce que nous avons dit, et le portrait de Levet, et l'Extrait de l'Annuaire diplomatique — croient encore que Levet est une invention de Fargue et de moi ? Ce matin encore, Logan Pearsall Smith m'écrit que c'est assez réussi comme supercherie littéraire ! [...]

Veuillez croire, chère madame, à tous mes meilleurs sentiments de sympathie. Valery Larbaud.

En 1943, Jean Paulhan proposera une nouvelle édition des Poèmes *d'Henry J.-M. Levet dans la collection « Métamorphoses » (n° XVIII), qu'il dirigeait aux éditions Gallimard. C'est cette édition que nous reproduisons.*

Poèmes

LEVET (HENRY JEAN-MARIE ÉTIENNE)
(1874-1906)

Chargé de mission dans l'Inde et en Indo-Chine par le Ministre de l'Instruction Publique (décembre 1897-juin 1898) ; Officier d'Académie (février 1899) ; Vice-Consul de troisième classe ; Chargé des fonctions de Secrétaire-Archiviste, à Manille (10 novembre 1902) ; Chargé de la Chancellerie de Manille (16 décembre 1902) ; Chargé de la Chancellerie de Las Palmas (14 février 1906).

(*Extrait de l'Annuaire Diplomatique*)

2 mars 1911. — L'intérieur d'une limousine en marche sur la route nationale, entre Montbrison et Saint-Étienne.

VALERY LARBAUD. — Je resterai longtemps sous l'impression de la visite que nous venons de faire à M. et Mme Levet. Je ne pourrai jamais oublier cet hôtel silencieux où le plein jour semblait dépaysé, pareil à la lumière dans laquelle les rêves se passent, ce plein jour que nous voyions au fond du vestibule pendant que le domestique portait nos cartes : la petite cascade blanche qui tremblait, sans aucun bruit, sur des rochers, et la pelouse qui montait tout droit, derrière, avec une frange de soleil campagnard au sommet. Le jardin ? l'entrée d'un grand parc ? la pleine campagne déjà ? C'était si peu ce qu'on se serait attendu à voir derrière cette porte vitrée, après la façade bourgeoise, riche et si évidemment « de la plus grosse maison de Montbrison » qu'on voit du boulevard Chavassieu. À propos, as-tu remarqué combien le caveau de la famille ressemblait à l'hôtel de la famille, — hier soir, au cimetière ? C'était l'hôtel de la famille plus petit, en réduction, comme un ex-voto, — et aveugle, et tout blanc... C'est curieux : pendant des années on songe à une personne ; et puis on fait un voyage au bout duquel on devrait la rencontrer enfin ;

mais il est trop tard, et on se trouve devant une haute pierre plate surmontée d'une tête pâle et sans traits : l'urne voilée.

Léon-Paul Fargue. — Oui, dernière transformation visible avec nos sens provisoires : un visage de pierre, un jeu d'os, une ville morte, avec leurs portes et leurs cryptes béantes... La mort est comme une immense fontaine pétrifiante où les nôtres coulent à pic. Mon père, Philippe, Jarry, Tinan, Levet, tant d'autres, je les ai vus s'enfoncer dans l'innommable mur de chaux. La douleur elle-même durcit. Quelle absence ! Jusqu'à mes animaux, mes deux chats Polivard et Potasson, qui m'ont demandé la porte, une nuit, pour aller mourir ailleurs... Ah notre arrivée hier soir en plein dans cette fête locale, ces braseros aux yeux rouges espacés dans les rues, ces filles, ces jeunes gens qui nous entouraient dans le crépuscule, et plus tard, cette lune qui montait, haute et pure, avec les traits de la mort, elle aussi ; elle nous accompagnait dans notre pèlerinage, sur ce boulevard Chavassieu qui ressemble tant à une grande avenue de banlieue parisienne...

V. L. — ... avec la devanture, éclairée très tard dans la nuit, de ce grand magasin triste au bord d'une place obscure.

L.-P. F. — La maison des Levet était blanche entre les arbres ; on devinait des coupes de pétunias, de belles-de-nuit. Un tout petit jet d'eau, pareil à ceux des tirs, montait péniblement avec une espèce de déclic, par instants, un bruit qui faisait penser à un duel derrière un massif...

V. L. — Malgré tout, j'ai l'impression que je l'ai enfin rencontré, que je l'ai enfin approché d'aussi près qu'il m'était possible de le faire. Quelque chose de lui était là, dans la ville où il venait passer ses vacances et où il revenait de temps en temps après ses voyages aux Indes et ses séjours comme vice-consul aux Philippines et aux Canaries, — laissant accrochés aux murs de sa chambre ces souvenirs que nous avons vus : des jouets étranges, des photographies de rajahs dédicacées en anglais, le drapeau d'un État presque inconnu, — tout cela mêlé à des portraits d'amis, — celui du dessinateur Forain par exemple, — et à des photographies de lui en uniforme de vice-consul. Et cette photo du buste de Rimbaud, qu'il était allé prendre à Charleville, faisant le voyage exprès. Voilà ce qui, de lui, nous a accueillis, toi son vieil ami, et moi qui fus un de ses premiers admirateurs, un des premiers amis de son esprit.

L.-P. F. — Comment as-tu connu ses vers ?

V. L. — En 1902, dans un numéro d'une revue éphémère, « L'Effort », qui les citait. Ils avaient paru dans « La Grande France », et le critique de « L'Effort », — c'était une femme, Marie-Louise Fallières, je crois — les éreintait un peu, pas trop pourtant, et les citait, trois de ses « Cartes Postales » in extenso. On sentait que cette femme avait été agréablement chatouillée par ces vers, mais un peu scandalisée aussi ; elle en riait un peu nerveusement, mais gentiment, et elle appelait Levet « le rossignol de la Grande France ». Évidemment, c'était un mot. On pouvait le prendre dans deux sens. Pour moi, je n'ai pas eu un moment d'hésitation ; et le soir même je savais ces trois « Cartes Postales » par cœur. J'en parlai à mes amis, à ceux de ce petit groupe qui s'était formé quelques années plus tôt sur les bancs du lycée Henri-IV, et qui allaient bientôt fonder, avec l'aide d'une belle et imposante princesse étrangère, — italienne ou roumaine, je ne sais plus, — « L'Œuvre d'Art International » : Raymond Meunier, Marcel Clavié, Francesco Zeppa... et, naturellement, Mécislas Golberg, qui était de toutes les avant-gardes, et qui jouissait, parmi nous, tout juste sortis des boîtes, d'un certain prestige. Pour ma part, je le respectais beaucoup, en partie parce qu'on attendait de lui un grand ouvrage, une espèce d'épopée sociale (aujourd'hui je me demande ce que ça peut bien être qu'une épopée sociale, — enfin !) et en partie parce que son aspect tragique et repoussant me faisait songer aux héros d'un roman russe. À cette époque-là, Levet devait être à Manille. Pendant ce même été, j'allai voir Marcel Ray à Munich, et je me souviens de lui avoir récité ces « Cartes Postales » par une belle matinée de juillet, tout en marchant sur le sable fin du rivage de la Starnberg See, tandis que nous attendions le petit vapeur qui devait nous mener à l'embarcadère peint en blanc et bleu, là-bas en face, sous une colline toute couverte de grands sapins... Mais raconte-moi : comment tu l'as connu, lui ?

L.-P. F. — C'était vers 1895. Nous venions de fonder « Le Centaure », Gide, Valéry, Henri de Régnier, Tinan, Henri Albert, Lebey, etc. Je venais de publier « Tancrède ». Levet aima ce pauvre prélude, et nous décidâmes de nous retrouver pour souper au Rat Mort. Pendant cette période-là, nous faisions tous la navette entre le Quartier Latin, où il n'y avait guère que le d'Harcourt, la Source et le Rocher, pas encore de Panthéon, et Montmartre, où il n'y avait en tout et pour tout que deux restaurants de nuit : la Place Blanche et le Rat Mort. Les soirs d'été nous montions sur l'impériale du petit omnibus à deux chevaux Place Pigalle-Halle aux Vins pour aller d'un quartier à l'autre. Ce soir-là donc, nous soupâmes au Rat Mort. Je n'avais pas beaucoup d'argent : dix sous par jour d'argent de poche. (Quand je voulais aller au concert, je l'ai déjà dit ailleurs, je regardais vertigineusement chez moi, comme parle Poe, je raflais toutes les vieilles bouteilles, toutes les fioles vides de pharmacie, j'allais les vendre, et ça faisait quand même une pièce de cent sous.) Levet commanda des écrevisses en abondance. Au milieu du souper, il s'aperçut qu'il n'avait pas d'argent et, me regardant affectueusement, il me dit de rester là, d'empêcher les écrevisses de s'en aller, qu'il allait réveiller et taper son concierge et qu'il ne serait pas longtemps...

Je restai seul. Je n'étais pas tranquille. Le fait de taper son concierge me paraissait paradoxal, et je pensai qu'il fallait être joliment bien apparenté pour oser une chose pareille! La camaraderie, la sympathie que Levet m'avait témoignées tout de suite, son air de douceur, et tout ce que je ressentais déjà pour lui, me donnaient confiance. D'autre part, un certain nez long, mobile, clownesque, une bouche mince et rentrée,

Oppose un œil anglais aux sites de colère,
Aux insultes de bois le masque de Guignol,

me laissaient perplexe... Et que son absence était longue!...

Enfin il revint ! Mon soulagement, ma reconnaissance furent sans bornes, et il me sembla que je le connaissais depuis dix ans !

... Nous nous retrouvions souvent chez Gabriel Fabre. Nous sortions presque tous les jours avec Francis Jourdain et Maurice Thomas. Nous faisions de longues promenades dans Paris. Nous aimions les quartiers excentriques, les bistros du canal Saint-Martin, le restaurant de la Mère des Charpentiers, les ateliers de la rue d'Allemagne, des Buttes Chaumont. « Qu'est-ce que ça sera pour ces messieurs ? » — « Un verre de la bouteille. Remettez-nous ça. » Nous aimions ces formules avec une candeur juvénile. Nous les opposions avec tout notre enfantillage, toute une gosserie révolutionnaire, aux agitations byzantines du monde, aux romans psychologiques, au ton de l'Académie française... En même temps qu'affamés d'élégance d'esprit, nous étions tourmentés d'un certain esthétisme anarchiste à la Paul Adam (c'était l'époque où il écrivait « La Critique des Mœurs »), un désir enfantin de porter des bombes par l'oreille avec des gants blancs ; nous lisions des revues comme « La Revue Libertaire » et « Les Temps Nouveaux », — nous en avons distribué des exemplaires au Théâtre Moncey, — mais nous aimions les poèmes de Wilde, les Préraphaélites anglais, le « Yellow Book », les dessins de Beardsley, les livres de Marcel Schwob, les tableaux de Whistler, de Lautrec, de Van Gogh et de Gauguin, les aquarelles de Charles Conder... Que de variétés...

V. L. — Oui, nous avions passé par là, nous aussi, et

« L'Œuvre d'Art International » était à la suite de ce mouvement.

L.-P. F. — Tailhade était en pleine puissance pamphlétaire. Léon Bloy rossait le directeur du « Gil Blas ». Rosny venait d'écrire « Le Bilatéral ». Et nous étions un peu dans l'état d'esprit du héros de la Sylvie de Gérard de Nerval lorsqu'il dit, à peu près : « Nous avions l'impression que, si nous nous penchions à la fenêtre, nous verrions au bout de la rue l'avant-garde des Barbares... »

V. L. — Eh bien, avec nous, quelques années plus tard, — c'est-à-dire trois ans avant ma première rencontre avec les poésies de Levet, — avec nous, ou plutôt amenés par nous, les Barbares entraient dans la littérature. Plus exactement : le Barbare. Mais quel Barbare ! Walt Whitman, que j'avais « découvert » — après Laforgue et en même temps qu'un certain nombre des jeunes gens de mon âge. Vraiment, nous avions l'impression d'avoir épuisé tout ce qu'il y avait de neuf dans la littérature française. De bonne heure, dès la quatrième, nous avions découvert nos maîtres : Laforgue, Corbière, Rimbaud et Isidore Ducasse. Nous avions fait nos premiers exercices de prosodie sous les Parnassiens. Après quoi, nous avions abordé le vers libre, prenant pour entraîneurs Gustave Kahn, Stuart Merrill et Francis Vielé-Griffin. Déjà Claudel, Jammes et Gide étaient pour nous ce qu'ils commencent à être pour le public : nous les avions « reconnus » et placés à leur rang. Maeterlinck, Moréas et Signoret faisaient partie de nos classiques. Nous pensions que c'était suffisant, pour une seule nation, d'avoir produit tant de grands écrivains dans l'espace d'une trentaine d'années, et nous nous tournions vers l'étranger pour voir s'il n'y avait pas, là, quelque chose de plus neuf encore, ou du moins quelque chose de tout différent de ce que nous connaissions. C'était alors que j'avais « découvert » Whitman. Et naturellement je l'absorbai en bloc, sans faire de distinction entre sa doctrine et la forme de ses poèmes ; mais c'était cette forme que j'aimais, ce qu'elle devenait dans ses grands moments d'inspiration, quand sa pensée réussissait à se faire poésie. Quels horizons n'ouvraient pas ces grands vers plus libres que tous ceux que nous avions vus jusqu'alors, et ce ton nouveau, ce ton d'effusion lyrique, quotidienne et prophétique ! Et ce programme : *The commonplace I sing!* En langage du XVIIe siècle, cela voulait dire, tout simplement, que Walt Whitman ramenait la poésie « plus près de la Nature ». Et c'était cela qui était vivant et fécond dans ces « Feuilles d'Herbe », qui étaient encore méconnues et discutées en Amérique, mais qui, depuis l'édition de W. M. Rossetti, étaient classiques en Angleterre. Je crois que j'aurais mieux fait, à cette époque, d'aller plus souvent à Montmartre, ou seulement à la Lorraine, dont je n'étais séparé que par le mur de ma chambre, rue du Sommerard. J'y allais de temps en temps, mais le fait que mes amis et moi étions encore à Henri-IV l'année où tu en étais sorti, nous a empêchés de nous connaître et de nous rencontrer. Nos deux groupes ne se sont jamais trouvés ensemble, même dans l'atelier de Bourdelle, avenue du Maine, où tu as dû aller, — peut-être avec Levet — et où nous nous réunissions parfois. Donc, au lieu d'aller à la Lorraine, je me plongeais dans l'étude de la littérature américaine, pensant y trouver un autre Whitman. Je me trompais. Mais après tout, je ne regrette pas trop les journées — et les nuits — que j'ai passées sur ces livres nets, à dos plats, comme des boîtes de cigares, et reliés en toiles de couleurs vert-bouteille ou lie-de-vin, ornés de fers sobres, aux motifs secs et grêles, que j'allais acheter chez Brentano. J'y ai appris à mieux connaître et à mieux aimer Poe, et j'ai connu des écrivains que je peux lire encore avec plaisir : Nathaniel Hawthorne..., H.-D. Thoreau... Mais tu me parlais de tes promenades avec Levet et de l'état d'esprit dans lequel vous étiez tous alors.

L.-P. F. — ... Alors, nous promenions ces rêvasseries, ces fumigations intellectuelles, du Quartier Latin à la fête de Montmartre, dont il nous semble, au souvenir, qu'elle battait son plein d'un bout de l'année à l'autre! Nous allions souvent au Café Cyrano, place Blanche (poker avec Jean de Mitty, Henry de Bruchard, Friedlander). Vint l'époque des pardessus raglans; Levet et Mitty en eurent des premiers. Du plus loin que Mitty apercevait un camarade, il battait des ailes de son raglan, enfonçait son monocle, et s'ornait d'un tic épouvantable! C'était la grande époque de la rue Lepic. Le marché de onze heures y fut ce qu'il n'a jamais été depuis. C'était la chose la plus vivante où il fût possible de se tremper, pavoisé comme une Exposition Universelle, sillonné comme il fallait de peintres, de grues oxygénées en pantoufles, d'escarpes et d'élèves du Conservatoire. La crémerie Panard, de mémoire impérissable, et qui ne nous semble pas avoir dérogé depuis (Péricouche, successeur), y avançait jusqu'à la chaussée son éventaire croulant, formidable, véritable orgue de fromages, grotte de Fingal de crèmes et de coulures…

Tels que les excréments chauds d'un vieux colombier
Mille rêves en moi font de douces brûlures…

Les citrouilles, carrosses de la fée Carabosse, les meules de gruyère y roulaient dans la rue et descendaient, sans qu'on pût les arrêter, jusqu'à la terrasse du café de la place Blanche ! Le Hollande gras, que le patron voulait faire passer pour du Chester, sentait, comme parle Dickens, son front se couvrir d'une sueur apologétique… Des poussins verts s'échappaient en couinant des monceaux d'œufs frais du jour sur les pieds des femmes attendries… On voyait passer en chaîne les sœurs Rosenacker qui se tenaient droites et pimbêches, mais qui allaient rejoindre des petits jeunes gens dans la rue des Abbesses. Il y avait la pâtisserie, toute champignonnée de religieuses et de profiteroles, de la belle Madame Martin, qui venait de se faire enlever pendant quinze jours par le bazardier d'en face. Et il y avait à tous les coins de la rue des blondes en peignoir, effrontées et comme affûtées, bavardant en groupe, debout sur une seule jambe, comme de grands oiseaux roses… Levet, Jourdain et moi nous déjeunions souvent au restaurant de la « Vache Enragée », dont le patron et la patronne ne cessaient de se chamailler et de prendre à témoin la clientèle. Le patron avait une magnifique casquette de crémier, un tablier de cuir et une barbiche à l'impériale. Il répétait à sa femme, hiver comme été : « Tu n'as aucune énergie ! Tu n'as que l'énergie d'emmerder le monde, de l'démoraliser ! » Deux des clients les plus notables de l'endroit étaient deux vieux rentiers bien soignés qui se faisaient de tendres querelles, de gentilles agaceries, d'une voix roucoulante : « Tu prends toujours tout le sssucre ! Tu bois toujours tout lll'lait ! » Après le déjeuner, ils emmenaient chez eux les petits garçons du quartier et les bourraient de bonbons... Levet arrivait avec un fez et un veston aux épaulettes américaines. Les épaulettes, ça se trouvait bien, c'était de rigueur à Montmartre. J'arrivais toujours en retard. Je vois encore Levet campé sur le dos d'âne de la rue Lepic, m'apercevant et levant les bras au ciel, et la tache du fez au milieu de la rue ! Après déjeuner, nous montions souvent à l'atelier de Francis Jourdain, rue Caulaincourt. Ah ! l'atelier de Francis ! La lumière y entrait comme chez elle, on voyait de là tout le versant Nord de Paris, avec les fumées des trains serpentant partout ; ils avaient l'air d'entrer dans les maisons, de passer dans les cours, et leurs longues plaintes souffreteuses semblaient présager tout ce qui devait nous arriver plus tard... Le soir, nous allions souvent au Café de la Nouvelle-Athènes, tenu par un ancien céramiste, le père Galilée. Nous retrouvions là Maxime Dethomas, Maurice Cremnitz, Suzanne Després, Fanny Zaëssinger, M. Valois, secrétaire de « La Revue Icono-Bibliographique », qui racontait inlassablement ses souvenirs sur le duc de Chartres et regrettait que l'épée du prince Henri d'Orléans se fût émoussée sur un bouton du vêtement du duc d'Aoste... (Tu te souviens, le duel de Carabanchel… ?) La soirée naviguait de la Nouvelle-Athènes au Chat Noir où nous avions toujours nos entrées de faveur au Théâtre d'ombres, et où nous avions connu les peintres Launay et Bottini, fameux alors, l'un par ses beaux morceaux de nu et ses natures mortes, l'autre par ses aquarelles de bars et de théâtres, cuisinées à l'encre, au fer et au café, et qui retrouveront leur vogue un jour ; Gaston de Pawlowski, lettré parfait, précurseur dans tous les sports, Saint-Georges de Bouhélier, inspiré et grandiloque, et, pour finir, nous allions tous accompagner chez elle, près de l'École militaire, dans l'aube de juillet bleue et verte et noire comme une estampe japonaise, Fanny Zaëssinger — une toque de fourrure, des bandeaux et un visage en aveline — dont nous étions tous amoureux…

V. L. — Comme la vie et les préoccupations de notre groupe étaient différentes de celles du groupe de Levet, à quelques années d'intervalle ! Peu de nuits blanches, peu de femmes. Une de celles dont nous nous honorions le plus d'être connus avait pour surnom « la Chimère » ; et les autres étaient toutes plus ou moins du type « Chimère »… La fin, le bas-empire de l'époque décadente… Il y avait Maroussia, dont j'ai oublié le nom de famille. Je l'ai emmenée un jour à la librairie Brentano pour lui montrer les portraits de Walt Whitman. En sortant, le vendeur, qui était mon ami, me fit un sourire en hauteur et me lança un clin d'yeux qui me laissa tout déconcerté, et dont je n'ai pas encore compris le sens exact. J'aimais beaucoup la librairie Brentano ; même, de mes dix-huit à mes vingt et un ans, elle a été mon principal lieu de plaisir. J'aimais à m'y sentir dépaysé, à la façon de des

Esseintes dans les bars et les brasseries anglaises de la rue d'Amsterdam. Du reste, nous éprouvions tous le besoin de nous dépayser; nous affections de ne considérer Paris que comme une de nos capitales, et secrètement nous nous appliquions la phrase de Nietzsche : « Nous autres Européens ». Ce n'était pas pour rien que notre revue allait s'appeler : « L'Œuvre d'Art *International* » ! Oh, les belles Américaines que je frôlais parfois — Excuse me — entre les corps de bibliothèque de chez Brentano ! Je rêvais, non seulement de me faire aimer d'elles, mais aussi de leur faire connaître la littérature française contemporaine, de leur traduire, en quel anglais et avec quel accent effroyable, tu vois ça d'ici, les « Moralités légendaires », ou même « Maldoror ». Mais elles étaient peu préparées pour cela, je crois ; peut-être même qu'elles ne connaissaient pas Whitman ! C'était probable, car en fait de poètes américains, c'était surtout Ella Wheeler Wilcox qu'elles achetaient. J'étais un des rares clients français de Brentano, je veux dire des clients assidus, qui venaient trois et quatre fois par semaine. Après avoir eu à mon égard une attitude très réservée, on finit par m'admettre, et par me laisser fouiller partout, même au sous-sol. À vrai dire, presque tout l'argent dont je disposais passait là ! Pour mieux comprendre Whitman et les quelques autres écrivains que j'avais « découverts », je me mis à étudier l'histoire des États-Unis, à lire même des monographies d'États. « La Virginie, la Mère des Présidents. » Un jour je m'emballais sur Bayard Taylor, mais la semaine suivante je lui préférais James Whitcomb Riley (les jolis petits volumes rouge et or de l'édition d'Indianapolis). Naturellement, je n'attendais qu'une occasion pour aller en pèlerinage au tombeau de Whitman et à Concord, Massachusetts. Mais, dans la boutique de Brentano, j'étais déjà « là-bas ». Et en sortant sur le trottoir de l'avenue de l'Opéra, j'avais l'illusion de revenir de Boston ou de Chicago, et je sentais ce qu'il y a déjà de méridional dans le climat de Paris, dans sa lumière, dans l'aspect des rues. Surtout par ces matinées si ensoleillées d'arrière-automne, tu sais, quand les rues et les allées qui descendent du Trocadéro semblent dévaler vers la mer, et que, derrière les maisons du côté Sud de la rue de Passy, se cache la terrasse du casino de Monte-Carlo. Et c'est vers la fin de cette longue erreur, vers la fin de cette période ultra-Whitmanienne que j'ai « découvert » Levet. Mais parle-moi encore de lui, dis-moi tout ce que tu sais sur cette partie de sa vie qui correspond à la composition du « Drame de l'Allée » et du « Pavillon ».

L.-P. F. — Le reste de nos ennuis, de nos loisirs allait du « Mercure de France » à l'ancien Moulin de la Galette, avec ses tonnelles et ses tables peintes en vert, celui de Lautrec. Comme nous aimions l'immense variété de vivre ! Aucune des élégances alors en faveur, aucun des snobismes de cette époque inquiète ne nous laissaient indifférents, à condition qu'ils eussent pour base, pour objet, pour allusion, ce sincère et grand désir de talent que nous avions alors. Il faut qu'on soit juste. Nous n'arrangions pas notre vie, nous n'étions pas des arrivistes, nous ne suivions pas de régime. Je crois bien que nous n'étions pas moins libres qu'aujourd'hui, pas moins élargis de toute convention, quel qu'en fût le sens, et de ces prétendues convictions qu'exigeaient de nous des camarades qui ont si souvent triché depuis, dans l'intérêt, d'ailleurs bien légitime, de leur propre popote... Levet, comme nous, peut-être plus tôt que nous, avait senti le grand appel d'air des voyages. En réalité il n'en avait pas encore fait beaucoup, mais il les pressentait ; il nous en apportait le parfum ; il aimait les atlas, les cartes, — un petit drapeau planté sur la région du Zambèze. Dans un des bars où nous nous réunissions, — Calisaya ou Criterion, — sous les petits fanions claquant au souffle des ventilateurs, assis sur son haut tabouret et tenant d'une main maigre, aux ongles recourbés comme des becs d'oiseau, la rambarde bien cirée et nickelée du comptoir, Levet pensait aux transatlantiques ; cigarettes aromatisées (je lui avais fait fumer des Old Judge) ; rocking-chairs ; journaux étrangers ; potins à la fois pittoresques et tristes de notre camarade Estavar, qui venait d'écrire à son patron commissionnaire « une lettre pourrie » ; conversations provocantes et caressantes de Gomez Carrillo ; rondeur amène et fine de Léon Abric, tel un jeune et élégant notaire légèrement ventru ; langueur féminine, longue barbe blonde annelée, doux yeux en pente de Tardieu ; chers souvenirs... Levet aimait les « hôtels cosmopolites ». Il habita quelque temps l'Hôtel du Printemps, où le personnel parlait tous les sabirs et où le concierge l'appelait obstinément « Monsieur Lévêque », où les chambres s'appelaient naturellement des « rooms » et où le chauffage central dégageait je ne sais quelle odeur de machinerie de paquebot... Il pensait déjà au voyage des Indes qu'il fit quelques années après. Nous rêvions à des siestes dans les îles du Pacifique, à des iguanes volant dans la chaleur, à des musiques bizarres que nous avons retrouvées quelques années plus tard à l'Exposition, pendant qu'on nous servait des liqueurs des Îles bleu lumière et des cocktails roses ; (Debussy rôdait, à la tombée du soir, autour des pavillons exotiques d'où boulaient d'étranges fusées sonores comme de grosses mouches ; il ruminait déjà ses Pagodes, sa Soirée dans Grenade et ses Jardins sous la Pluie...). Levet me parlait d'« étrange pays » avec un instinct déjà sûr, moi je lui donnais la réplique avec une imagination déréglée...

V. L. — C'est de ce moment-là, sans doute, que date la première idée des « Cartes Postales », et probablement celle de ce roman qu'il a écrit à son retour des Indes, « L'Express de Bénarès », dont Francis Jourdain, Maurice Constantin et toi m'avez parlé. Qui sait, le manuscrit n'est peut-être pas perdu ? On le retrouverait peut-être dans ses papiers ? Si ses parents ne s'étaient pas montrés si opposés à notre projet d'éditer tout ce qu'il a laissé, nous aurions pu leur demander de nous confier ce qu'ils ont gardé de ses papiers... Tout ce que je sais, c'est que Thomas W. Lance, l'auteur supposé du « Pavillon », était, avec le personnage qu'il nomme Betty, le héros de ce roman, peut-être aussi fantaisiste que « Maldoror », tout plein de digressions extraordinaires, comme ce chapitre du « Commandant Drappeau » dont tu m'as parlé, et qu'il t'avait lu, et cet autre chapitre du « Dompteur d'Éponges »... Des choses parues de son vivant, je n'ai vu que ses poésies chatnoiresques et sa critique théâtrale, des années 1895-1896, dans « Le Courrier français », le

« Pavillon, ou la Saison de Thomas W. Lance » dans « L'Aube » de 1897, et les deux plaquettes imprimées à ses frais : « Le Drame de l'Allée » daté de 1896 mais publié en 1897, et « Le Pavillon », avec une jolie préface d'Ernest La Jeunesse et des dessins de Muller. Et c'est tout, jusqu'aux trois « Cartes Postales », parues dans « La Grande France » en 1902, et que je n'ai pas pu retrouver à la Nationale. Les choses du « Courrier français », à part une ou deux, — les dernières en date, — ne valent pas la peine d'être publiées. À la rigueur, une ou deux pourraient figurer dans une anthologie du Chat Noir ; celle-ci par exemple : « L'Esthète » (sur l'air des « Vierges ») :

Il marche d'un pas cadencé,
Sanglé dans un veston cintré,
L'Esthète ;
Il chausse un pantalon collant,
Montrant ses formes au passant,
L'Esthète ;

Les misogynes, les blasés,
Ont encor pour se dérider
L'Esthète ;
Plus d'un écrivain bien loti
A fouillé, travaillé, senti
L'Esthète,

etc. C'était sa période de début, ses premiers jeux, sous l'influence de Montmartre et du Boulevard. Je crois que, même en dehors de la lumière grise et désabusée de la

Nationale, cela n'est guère lisible aujourd'hui. Mais vers la fin de sa collaboration au « Courrier français » on sent chez lui des influences Rive Gauche : Verlaine d'abord, puis Mallarmé, et bientôt Rimbaud. Un développement rapide, et l'éclosion du don à la chaleur des grands poètes de la génération précédente. Cela ne date pas ; ou du moins, peu importe que cela date. Comme je te le disais tout à l'heure, je faisais fausse route, en cherchant d'autres Walt Whitman aux États-Unis. Et cependant, cette recherche m'a préparé à la rencontre avec Levet. Je venais justement de découvrir un conteur néo-orléanais qui m'avait fortement emballé, — je ne sais pas ce que je penserais de lui à présent, — un certain G. W. Cable, auteur de « Old Creole Days » ; et je rêvais d'un poète « comme ça », fantaisiste, sensible à la diversité des races, des peuples, des pays, pour qui tout serait exotique, ou pour qui rien ne serait exotique (je crois que cela revient au même), très « international » (comme « L'Œuvre d'Art » !), humoriste, c'est-à-dire capable de faire du Walt Whitman à la blague, de donner une note de comique, de joyeuse irresponsabilité, qui manquait dans Whitman. Au fond, ce que je cherchais sur les tables, les casiers et les rayons des jolies bibliothèques tournantes de chez Brentano, c'était le poète qui eût été le successeur à la fois de Laforgue, de Rimbaud et de Walt Whitman. Et voici qu'il me sembla presque l'avoir trouvé, enfin, dans ce numéro de « l'Effort » de mai ou juin 1902. À la forme whitmanienne près, il réalisait mon rêve. Et, chose étonnante, à laquelle je ne m'attendais pas du tout, ce n'était pas un Américain mais un Français, — bien que je me demandai si ce n'était pas un Français d'origine anglo-saxonne, parce que les « Cartes Postales » étaient signées : Henry J. M. Levey. Mais quand je vis Marcel Ray, quelques semaines après ma découverte, il me dit qu'il connaissait Levet, qu'il l'avait rencontré plusieurs fois, qu'il l'avait vu dans un extraordinaire costume de tennis, tenant toujours à la main une raquette dont il ne se servait jamais, et que son nom s'écrivait Levet, et non pas Levey. Et il me parla aussi du « Pavillon ». Ainsi la pensée de Levet nous accompagna pendant toute cette belle journée d'été que nous passâmes dans les bois qui dominent le lac de Starnberg, et elle était avec nous, je me souviens, quand, au détour d'un sentier, au plus désert du paysage, nous nous trouvâmes soudain en présence de deux belles filles brunes et blanches, pieds nus, et toutes chargées de branches de lilas mouillés. — Que sais-tu encore de Levet, de ses goûts, des maisons où il habita ?

L.-P. F. — Il eut un petit appartement rue Caulaincourt, juste en face de la maison habitée autrefois par Fanny Zaëssinger. Sa concierge l'adorait. Il avait avec elle de longues conversations ; il l'aimait et la brimait. Il l'empêchait de déjeuner. D'un coup de canne, il faisait rouler le litron qui était sur la table et allait acheter séance tenante une bouteille de Passe-Tous-Grains. « Mais si je veux de mon vin, moi, Monsieur » criait-elle ! Il disait en se bouchant le nez : « Je n'aime pas les pauvres », et il avait le cœur excellent. Il aimait les plus sordides bastringues, et ses vêtements étaient de la coupe anglaise la plus exacte. Il aimait la casquette jusqu'à la deffe, mais il collectionnait les feutres et les sombreros sévillans du gris le plus argenté. Un jour, à quatre heures du matin, l'été, la soupe aux poireaux-pommes de terre, très poivrée, mangée au guichet du Canal Saint-Martin ! Les Halles ! La rue Coquillière où je suis né, et où je passe souvent quand je rentre tard pour revoir nos fenêtres et notre étoile entre les cheminées qui veillent... Le Chien qui Fume. La cave du Père Tranquille avec ses bouteilles casquées de toutes les couleurs métalliques et rangées comme la Chevalerie française... L'aube composait sur l'arrivage des fleurs une verrière pareille aux Roses de Chartres, les arceaux sanglants de la boucherie s'enfonçaient jusqu'au cœur du Monde, de grands poissons encore vivants frappaient les grilles de leur queue puissante, et d'étranges figures gothiques, porteuses de fardeaux, semblaient se courber sous le poids de la nuit... Le lendemain, les beaux bagages, les porte-habits en cuir, aux serrures à gorge irréprochables, les cannes de Brigg, les cravates de Charvet, l'odeur de « peau d'anguille » du Moulin de la Galette et les rayons de parfumerie des grands magasins, les cabanes de la zone stratégique et les bouquins sur Tombouctou-la-Mystérieuse, les beaux catalogues de tailleurs, et le comique rêche anglais... Levet avait une mémoire poétique extraordinaire, sachant par cœur une grosse partie de Victor Hugo, de Musset, de Baudelaire ; il aimait les romans rocambolesques, les Paul Féval et les Frédéric Soulié dans les collections à vingt sous, les potins de salles de rédaction et les histoires de marlous de Montmartre, et ces difficultés qui ne cessaient pas entre M. Lagueny et M. Auguste-aux-yeux-de-veau... Il aimait les déguisements, la froideur, le flegme et la tendresse. En réalité rien de ce qui était simplement humain, ni rien des artifices, des gentilles complications, des douces malices fabriquées par les hommes, ne nous était étranger. Si Levet avait vécu, il se fût sans cesse renouvelé, et que ne nous eût-il pas donné ? Pour moi, j'ai le sentiment qu'il est mort au moment où il « retrouvait » sa sincérité, sa véritable personnalité, au moment où il faisait son choix...

V. L. — Oui, mais c'est là un de ces problèmes qu'il faut aller méditer

Sur le balcon doré qui sommeille à midi.

Avec les deux ou trois poèmes que nous pourrions tirer des pages du « Courrier Français », avec le « Drame de l'Allée », « Le Pavillon », les trois « Cartes Postales » dont je t'ai parlé, celle que tu sais par cœur, « L'Armand-Béhic... », et — qui sait ? — d'autres que nous trouverions peut-être en fouillant bien les revues des années 1900-1903, le petit recueil que nous ferions serait sans doute aussi précieux que « Les Chimères » de Gérard de Nerval. Et cela, nous pouvons le faire sans contrarier le désir de ces pauvres parents, si jaloux de garder pour eux seuls la mémoire de leur fils qu'ils demandent l'oubli pour son œuvre. Et plus tard, peut-être, si on retrouvait « L'Express de Bénarès », si on retrouvait quelques lettres écrites des Indes, de Manille et de Las Palmas, on pourrait faire un beau recueil de *Reliquiæ*. Alors, avec tes souvenirs, ceux de Francis Jourdain, de Marcel Ray, de Pierre de Lavernière, de Maurice Constantin, et de tous ceux qui l'ont connu, soit à Paris soit dans ses postes consulaires, — Tallien de Cabarrus à Las Palmas, — on pourrait établir une biographie complète et fixer toutes les dates de son itinéraire.

L.-P. F. — Je ne me rappelle pas grand-chose de précis sur la date de ses départs et de ses retours. Il nous parlait peu de son voyage aux Indes. Les rares choses qu'il en ait dites auraient voulu se passer à Meudon ou à Billancourt. La terrasse de Bénarès apparaissait dans ses récits sournoisement voisine de celle de Joinville, de Convers ou de Gicquel à Rueil. Il avait rapporté des Indes ces photographies de rajahs, avec ces dédicaces en anglais que nous venons de voir dans la chambre où nous avons été reçus, mais il nous a rarement parlé de ces personnages. Pourtant je me souviens de ceci. Il reçut officiellement, à son passage à Manille, l'escadre fantôme de l'amiral Rojdestvensky. Je n'oublierai jamais tout ce que m'évoqua l'apparition de cette escadre aux vaisseaux de tout âge, de toutes formes et de toutes couleurs, aux cheminées rongées dont pas une n'était semblable à l'autre, depuis les croiseurs retapés jusqu'aux vieux sabots à roulettes ; les ponts, semblables à des décors de théâtre, chapeautés d'aérostats, dotés d'équipages où on avait tout pris : des cavaliers démontés, des douaniers, des contrebandiers, chacun avec ses armes ; des jongleurs, des forains avec leurs animaux, des musiciens ambulants ; toute une tribu de singes et de guenons dressés à porter les colis, à faire la cuisine, et à faire l'amour... — et même des marins ! Cette escadre venait de faire le tour du monde à la rencontre de l'escadre japonaise, sachant qu'elle allait à la destruction...

V. L. — Un jour tu m'as parlé, en même temps que de Levet, de Marie Pamelart. Raconte-moi cette histoire.

L.-P. F. — C'est rue Lepic que nous fîmes la connaissance de Marie Pamelart, comme nous passions sur le sentier de la guerre, Levet, Francis Jourdain et moi. Ce jour-là, Levet arborait une étincelante casquette de yachtman ; on en voyait sortir son long nez spirituel, ses cheveux coupés à la Gaby, et son menton en fer à repasser. Marie Pamelart sortait de son Institution. C'était une étrange jeune fille, menue et admirablement faite, avec des yeux tout en fourrures et en pinceaux, coiffée d'un bibi tyrolien, et drapée dans une espèce de cape écossaise. Elle était auditrice au Conservatoire, cours de M. Worms. Elle nous dit qu'elle y allait. Nous l'accompagnâmes, mais, rue Léonie, prise d'une frousse subite, elle entra, pour se débarrasser de nous, dans une maison triste et punaisique, d'où, quelques instants après, sortit, comme un scarabée d'une fissure, ou comme un gros pépin d'un fruit qu'on coupe, un lourd concierge à calotte acajou et aux favoris même ton, qui nous appela : « Tas de voyous ! »

Cette aventure nous occupa longtemps. Nous recherchâmes Marie Pamelart rue Lepic sans arriver à la retrouver. Nous avions su son nom par un gamin qui nous l'avait bafouillé, — nous l'avions pour ainsi dire reconstruit de chic, et nous étions à peu près certains qu'elle ne s'appelait pas Marie Pamelart. Je partis pour le régiment avec cet amour dans le cœur, après une dernière soirée passée à la fête de Montmartre avec mes deux amis. Les orgues des vélos, pareils à des tigres qui chanteraient gras, rugissaient l'ouverture de Zampa. Maintenant encore, quand par hasard j'entends cette musique, j'ai le frisson… Le vieux forain à barbe blanche, Nicolas Albert Batteault, nous faisait voir à la loupe, sur sa petite table en plein vent, éclairée par une lampe à réflecteur, ses dessins « à l'aiguille aimantée » dont le plus beau représentait deux vieillards couchés, en bonnet de coton et en bonnet de nuit : « Bonne nuit, mon sergent. — Et toi aussi, ma vieille Victoire. » Ça sentait la torche et l'acétylène, la grande aile sombre des odeurs de la Villette arrivait dans le ciel, les fauves domptés faisaient un bruit de frotteur, les tartes saignaient sur les fours en fer au long cou maigre, et… « des fleurs magiques bourdonnaient. Les talus les berçaient. Des bêtes d'une élégance fabuleuse circulaient. Les nuées s'amassaient sur la haute mer faite d'une éternité de chaudes larmes… »

Un jour, à la caserne, je reçois une lettre de Francis Jourdain qui m'écrit : « Sais-tu comment s'appelle Marie Pamelart ? Eh bien, Marie Pamelart, oui. »

V. L. — Combien de fois j'ai pensé à lui, de son vivant déjà, combien de fois j'ai récité ses vers à des gens, et combien de fois j'ai désiré le rencontrer ! Mais, après 1902, nous nous dispersâmes : Marcel Ray faisait en Allemagne des séjours de plus en plus longs, Raymond Meunier, avant de se consacrer tout à fait à la psychiatrie, où il s'est fait un nom, partit pour l'Orient ; j'allai m'installer en Italie, d'où j'envoyai de vagues choses à « L'Œuvre d'Art International », — des choses écrites en songeant parfois à Levet, écrites un peu pour Levet, — mais qui ne furent pas publiées, peut-être parce que la revue avait déjà cessé de paraître. Tiens, la dernière année de Levet, 1906, — sa trente-deuxième année, puisqu'il est né en 1874, — je me suis trouvé, sans le savoir, plusieurs fois sur son chemin. Au printemps de cette année-là j'étais à Valence, et lui rentrait de Las Palmas en France pour la dernière fois. Eh bien, j'ai su qu'il s'était arrêté quelques jours à Malaga, trop malade pour continuer son voyage; il est probable que de Malaga il est venu par mer jusqu'à Valence, où il a forcément passé, soit qu'il ait pris la ligne de Barcelone, soit qu'il ait fait la traversée Valence-Marseille. J'ai su aussi qu'il avait fait, quelques mois plus tard, une saison à La Bourboule, où j'étais aussi. Enfin, en octobre ou novembre, Marcel Ray me conduisit chez Charles-Louis Philippe, qui me dit qu'il avait dîné, quelque temps avant, avec Levet, si malade qu'il pouvait à peine parler. Et puis, en décembre Ray m'écrivait que Levet était mort, à Menton, boulevard du Midi...

L.-P. F. — J'ai appris sa mort, un soir, chez Philippe, par Régis Gignoux. Nous l'avons vu, Francis Jourdain et moi, tous les jours de ce dernier séjour à Paris. Il était descendu, une fois de plus, à l'Hôtel du Printemps, où son père venait le voir tous les jours. Le lendemain de sa mort, — je ne l'avais pas apprise; j'ai su, un peu plus tard, qu'il était mort la veille de ce jour-là, — je m'aperçus que je passais devant l'Hôtel du Printemps : je regarde, je lève les yeux aux fenêtres : plus d'Hôtel du Printemps, plus d'enseigne, plus de grandes lettres d'or. La maison méconnaissable, repeinte, transformée, avec des rideaux rouge sombre à toutes les fenêtres. Un changement à vue, tu sais… Ce fut si aigu que je sentis, comment dire, j'ai senti le coup de rame… Tu connais bien ça… Le jour est bas, la foule se presse en silence, et le temps et le bruit semblent s'arrêter pour laisser passer l'invisible…

V. L. — Tu as entendu le récit que sa mère nous a fait des dernières semaines, à Menton. Et la mort douce, paisible, dans le luxe d'une villa ouverte à ce soleil de luxe qui a éclairé aussi la fin d'Aubrey Beardsley, et de bien d'autres. Sans doute sa pensée joua, jusqu'au dernier jour, plus ou moins sincèrement, avec des projets pour le temps où il serait guéri ; mais il a dû songer à son poème :

Un soleil doux vernira mes heures dernières…

Qui sait ? peut-être qu'à l'époque où il l'écrivit, se sachant déjà, ou se devinant, condamné, il avait prévu cette fin de sa jeunesse et de sa course heureuse, parmi les fleurs d'un printemps artificiel, devant cette mer qu'il avait si longuement parcourue et qui, là-bas, en ce moment même, brille gaiement en bâtissant son petit mur de sable, mais à la tombée du jour se fige en un seul bloc grisâtre, et recule jusqu'au fond du ciel.

Deux poésies

NOTE

La collaboration de Henry Jean-Marie Levet au *Courrier français* commence le 10 février 1895 (« Le Tambour-Major », conte) et s'achève le 20 décembre 1896 (compte rendu de la reprise d'« Halifax » à l'Odéon). Elle se compose de : huit contes, onze chroniques, une réponse autobiographique à une enquête (avec un portrait de Levet par Piet ; 12 avril 1896), et vingt-trois poésies (dont deux ont été insérées chacune deux fois, à quelques mois d'intervalle, dans le *Courrier français*).

« Le Coche manqué » a paru dans le numéro du 24 mai 1896, et « Parades » dans celui du 9 août 1896. Ce sont les deux dernières poésies données par Levet au *Courrier français.*

L.-P. F. V. L.

LE COCHE MANQUÉ

Et les chevaux sont loin, et le fouet qui les presse
S'abat inéluctable, ainsi que les fléaux
Sur les blés condamnés, et semble être la faux
D'un Dieu très vieux que redoutait la vieille Grèce.

Ils monteront et descendront sans lui les vaux ;
Sans lui s'arrêteront aux auberges en liesse ;
Il ne boira les vins voulus, vieux ou nouveaux,
Ni le sourire ami des lèvres de l'hôtesse.

Dans des embrassements paternels, — amoureux,
S'oublia-t-il, manquant ses plans aventureux,
Et le cri qu'il jeta sur la route poudreuse,

Pleurant l'adieu, l'appel, l'amour et la douleur,
Semblait le bégaiement d'inconscience peureuse
Du gars désespéré réclamant l'enrôleur.

PARADES

À Mademoiselle Fanny Zaëssinger.

Danseurs exaspérés des mornes menuets,
Sur les tréteaux menteurs et fragiles que foulent
Des marquis épaissis et des marquises goules,
Peuple épris de parade, exaucent tes souhaits.

Leurs jeux ont pollué la prairie aux bluets,
Les cuivres écrasés les flûtes qui roucoulent ;
Des lampions fumeux les soulignent aux foules,
La lune se taisant aux violons muets.

Ne sachant pas, aussi, ces gens, d'afféteries
Canailles encrassés, et de grâces flétries,
Réclament à nouveau le baisemain fripé ;

Les trompettes sacrant d'éclats leur dernier leurre,
L'amant masqué de la beauté morte qu'on pleure
Se drapait des plis noirs de son manteau coupé.

Le Drame de l'Allée

Études

À Francis Jourdain.

NOTE

Ce texte du « Drame de l'Allée » reproduit celui de la plaquette publiée en 1897 sous ce titre, et dont l'achevé d'imprimer (par Charles Renaudie, 58, rue de Seine, Paris) est du 25 septembre 1897. Elle est signée, comme tous les écrits de Levet à partir du 13 décembre 1896 : Henry J.-M. Levey.

Deux des cinq poèmes qui forment le « Drame de l'Allée » avaient paru, avec quelques variantes, au *Courrier français*. Ce sont : I, sous le titre « Les laids » (avec une dédicace de l'auteur « À Mademoiselle Madeleine R..., par antithèse », et un dessin d'Hermann Paul) le 15 avril 1896, et V, sous le titre « Un soir de Printemps... » le 29 mars 1896.

L.-P. F. V. L.

LE DRAME DE L'ALLÉE

I

Notre geste n'est pas consacré par l'aède,
Hués comme le monstre impur de l'Arya !
Pour elles je suis laid et pour eux tu es laide,
Je suis Bottom et tu n'es pas Titania...

L'amour a bien béni le Faune capripède
De saints transports en qui la ligne dévia :
Que l'idole Beauté lâche contre nous plaide,
Notre défense à nous seuls il la confia.

Et, nos mains dans nos mains, sous le laurier gracieux,
Que nos yeux ne voient autre chose que nos yeux !
Nous verrons le bonheur qui rend puissant et tendre

Que plus d'un bel et plus d'un riche n'atteint pas,
Et nous irons tous deux sans voir, et sans entendre
Ce que disent les gens qui murmurent là-bas...

II

Le sable est gai, venu des rivières chanteuses —
Le Scarabée — et son dos aux rais éclatants
Reflète l'or du ciel et le vert du Printemps —
Nageait tranquillement sur les pierres laiteuses,

Seul ; et ses yeux trop gros que le dédain penchait
— De grâce ! — vers les bas insectes de la Terre,
Qu'un matin parfumé doucement aguichait,
Regardaient leurs accouplements, beau solitaire !

Vers le faîte envié des blanches pâquerettes,
Vers les calices frais que les cieux cultivaient,
Oh, pour boire à la coupe en fleur les gouttelettes,
Il vit les moucherons frêles qui s'élevaient...

Regrettant son trop grand, mais trop petit, état :
L'amour étant trop bas, trop haute la fleur vaine,
Au milieu de l'allée en gaîté s'arrêta ;
Et, triste et beau, pour trépasser de noble peine —

Foulé par des pieds odorants de châtelaine...

III

Voulant encourager ses aurores charmées,
Le soleil, qui vous remarquait et vous baisa,
Laissa sur votre peau ses teintes plus aimées,
Pour poser ses rayons qu'aux reines il lança !

De larges papillons aux ailes imprimées,
Laquais trop effrontés qu'un vent jaloux chassa,
Sans répondre à l'élan des roses alarmées,
S'envolèrent désorbités de-ci, de-là...

Respirai-je la fleur par le soleil élue,
Rayonnante aux jardins enfiévrés de chaleur,
Déplorant le conseil d'une sainte mévue,

Car le soleil, jaloux du poète voleur,
A lâchement placé, sentinelle imprévue,
Qui veillait, le serpent-minute dans la fleur.

IV

Comme l'automne à son déclin
A des langueurs de lèvres pâles
Drapant ses lamentables râles
D'un rictus hagard et câlin —

Soleil, — faux éclats de timbales
Trompant l'effroi du châtelain
Comme l'automne à son déclin
A des langueurs de lèvres pâles

Sur l'âpre clairon des rafales
Le soleil au rais sibyllin
Où chante le rire malin
Des faunes aux gaîtés égales

Sonne l'automne à son déclin —

. . . .

V

— Et ce soir de Printemps le novice à l'église
Venu chercher la grâce et la tranquillité,
Priait seul à genoux dans l'ombreuse clarté,
Que la solitude prêcheuse évangélise :

Les cierges éclairaient d'indécises lueurs
Les vitraux, les tableaux sacrés et les statues.
La nuit était « sereine et propice aux rêveurs »
Les voix des hommes et des choses s'étaient tues…

Les voix des hommes et des choses s'étaient tues…
Mais le Printemps et ses tiédeurs vivifiantes
Ressuscitait les voix saintes et flamboyantes
Par les peuples passés et lointains entendues —

Tout remuait et bruissait, rumeurs renées,
Dans les vieux cadres où Caïn tuait Abel.
Et les langues de feu qui par l'Esprit menées
Diversement parlaient d'une sainte Babel !

Dans les chemins de croix suspendus aux pilastres,
Les figures de bois peintes de couleurs crues,
S'agitaient, évoquant sous l'œil égal des astres
Toutes les passions par le Christ encourues...

Sévèrement parqués dans leurs trumeaux sans mousses,
D'antique pierre que leurs sourires fardaient,
Du grand vaisseau de Dieu célestes petits mousses,
Les chérubins alors chantaient et voletaient...

Et partant d'un vitrail clair que la lune irise
Résonnait, ainsi qu'au Défilé l'Olifant,
La grande voix de Jean-Baptiste dans l'Église

— Oh, saint Antoine de Padou', bercez l'enfant !

(1896)

Le Pavillon

NOTE

Ce texte du « Pavillon » reproduit le texte de la plaquette publiée en 1897 et dont voici le titre complet :

Henry J. M. Levey | Le Pavillon | ou | la Saison de Thomas W. Lance | petit poème cultique | Préface | de | Ernest La Jeunesse | [citation de Rimbaud] | Paris | Collection bibliophile de L'*Aube* | 26, quai d'Orléans | 1897. —

Nous avons corrigé quelques fautes d'impression évidentes. « Le Pavillon » avait d'abord paru dans la revue l'*Aube* (référence à la Bibliothèque Nationale : b° Z. 761) en juin 1897. C'est, avec une chronique intitulée « En r'venant d'la R'vue » (mars 1897) tout ce que nous avons trouvé de Henry Levet dans *L'Aube*.

L.-P. F. V. L.

PRÉFACE

Comprenez-vous le langage des oiseaux ?

Et vous, petites légendes que nous ne saurons jamais, petites légendes qui vaguez, nonchalantes et somptueuses, au bord des mers, là-bas, sur l'autre versant de la terre, petites légendes qui grimpez doucement le long des rudes montagnes, petites légendes de silence et d'orgueil, petites légendes dorées par les soleils rastaquouères ou roussies au feu blanc des lunes exotiques, bonnes petites légendes de minuit et de midi, vous voici qui venez à nous, zézayantes comme de bons nègres, blondes comme les misses des Keepsakes blondes, caressantes comme des palmiers, souples comme les serpents autour des baobabs.

Ce n'est pas long ?

Certes, vous avez vite fait de lire et d'apprendre par cœur les vers de ce recueil : ils chantent tout seuls et tout de suite à votre oreille et à votre âme ; c'est une saison ou une « season » qui dure une minute et demie environ, mais ne vous y trompez pas : ce n'est pas si court.

Ce sont toutes les légendes, tous les petits garçons et toutes les petites filles de tous les ciels.

Ce n'est pas si simple ; les joies et les tristesses vont, halètent, volettent ; c'est le secret des bois sacrés et le secret des forêts vierges et c'est le sourire des lacs, c'est le raccourci le plus harmonieux de la nature et de l'humanité.

Monsieur Mallarmé trouvera que c'est du Mallarmé exaspéré, Loti se retrouvera en vers et Verlaine y pleure, et Leconte de Lisle s'y plie à des sensations et des césures imprévues. Lisez : Henri J.-M. Levey est un poète, il a des sourires charmants, sa qualité de tendresse est délicate, tout en lui est nuancé, sinueux, joli et touchant.

Et voici le moment revenu des livres énormes, débordant d'outrance, de répétitions. Le « développement » cher à nos cœurs de rhétoriciens, à nos jambes de cyclistes (sous le pseudonyme de multiplication) devient une institution. Ne devons-nous pas aimer la plaquette, si peu plaquette, qui vient chanter et gémir, avec l'intention de nous toucher intimement dès le premier vers ? Demandons à M. de Heredia.

Et caressons, la lecture terminée, les chevelures blondes des comètes et le sourire des étoiles.

ERNEST LA JEUNESSE.

LE PAVILLON
OU
LA SAISON DE THOMAS W. LANCE

PETIT POÈME CULTIQUE

C'est elle, la petite morte, derrière les rosiers. — La jeune maman trépassée descend le perron. — La calèche du cousin crie sur le sable. — Le petit frère (il est aux Indes!) là, devant le couchant, sur le pré d'œillets. — Les vieux qu'on a enterrés tout droits dans le rempart aux giroflées...

ARTHUR RIMBAUD

Thomas W. Lance (19 ans) parle[1].

I. — CONTE PRÉLIMINAIRE[2]

Que Messieurs les assassins commencent.

ALPHONSE KARR.

Or, le Sultan d'ennui, convenant ses ulcères,
Par Schéhérazade (blonde) sut réagir :
À l'empoisonnement soudain des janissaires,
Certain frisson drapa la robe du vizir...

1. Th. W. Lance appartient à la religion catholique.
2. D'un rhéteur français.

L'encens d'un Ptolémée a conclu son désir
Et fondu le vieil or de parchemins faussaires, —
Tels chrétiens convertis s'attardent aux rosaires,
Le fol se voit le train des pèlerins grossir !

Sindbad d'espoir qui loin des ports savait sombrer ! —
Lui s'étourdit d'incognito pour retomber
À l'Orient poudré de tragédie classique.

Suivrai-je, souverain titubant et risible,
La main cherchant une épaule d'enfant, — la cible
Des enfants ! — Le chemin laissé par ce cacique ?

II. — PRINTEMPS

Amour, tout dépité de n'avoir point de flesche
Assez forte pour faire en mon cœur une bresche,
Voulant qu'il ne fust rien dont il ne fust vainqueur,
Fit par les coups d'autrui cette playe en mon cœur.

LA SIMPLICITÉ :

« N'aurai-je dit — Betty ! — Qu'embaume d'enfants nobles
(Un cercle d'or dans mes cheveux de fils d'Édouard)
Les fleurs de Kate Greenaway — plaquant ses notes
Claires au park imbu d'ombres et de brouillard.

(Contempteur des parfums destinés aux synodes,
Mon cœur simple, jouet des encens et du nard,
Accepte ! comme Dieu les haleines des nonnes.
La senteur des bras frais et sincères d'Agar !)

Et, servant généreux se flattant Prométhée,
L'évocateur s'est cru damné d'éther...
Par vos discrétions douces de rose-thé

Atténuez l'élan trop grave du grand lis :
Mais ces sobres pollens qui chantent le mystère…
— Ô Seigneur, éloignez de moi tous ces calices !… »

III. — ÉTÉ

Rosine : « Ce sont les couplets de la Précaution Inutile
Que mon maître a chantée et m'a donnée hier. »
Bartholo : « Qu'est-ce que la Précaution Inutile ? »

BEAUMARCHAIS, *Le Barbier de Séville.* I. 3.

LA FAÇADE :

« Enfin ! — Qu'un vent du soir eut agité les basques
D'habit des vieux barons plaignant le jacobus,
Les ayant cachetés dans la pâte des masques,
Les châteaux énervés tendaient leurs blancs rictus…

*Or l'ombre des balcons rogne aux dupes l'*Agnus
Dei *sous les piliers forts d'idoles fantasques :*
Madame, qu'entretient un horizon sans casques
Souffre la foi du clerc au lascif Oremus.

Voici qu'un soir bleu-rare a béni mon autel !
— Cent mains pascales de glycine — le pastel
Si léger de madone assure l'amulette

Prévenant que demain, le cœur le mieux ourdi :
Tout oiseau passager en picore une miette,
Sur le balcon doré qui sommeille à midi... »

IV. — AUTOMNE

Quand fleurira le long des murs aux blancheurs sobres
« Le rayon jaune et doux de l'arrière-saison »,
Quand verdira comme une mer le ciel d'octobre,
Chantez mon cœur, nous reverrons la Malmaison !

MAURICE DU PLESSYS.

LE PARDON :

Que les étés les baobabs inviolés
Mécontents des trappeurs tolèrent les défroques :
Forces-tu sans pitié tes ombres réciproques
Pour la pudeur des jatrophas humiliés ?

Mille huit cent trente ! sous les tonnelles ailées
Les parents raisonneurs accueillent les époques,
Tandis que les pardons d'assassins qu'ils invoquent
Donnent les goupillons sur les granges brûlées...

Mais le soleil fut juste et l'allée était droite :
Quand l'orage calme le front aux baisers moites
Et que la ronde d'enfants s'arrête et s'étonne,

Reviens-tu, reprenant l'orgueil des fiers refrains,
Protester contre le pardon des boulingrins
Et sonner le midi claustral d'un jour d'automne ?

V. — CHRISTMAS

Les Christ n'ont pas la croix d'honneur.

JULES LAFORGUE.

CONSEIL[1] :

Oppose un œil anglais aux sites de colère,
Aux insultes de bois le masque de Guignol ;
Va, te drapant noble d'outrage tutélaire :
Quel album d'Épinal ! quel roman espagnol

Nouveau du bel exploit d'un Quijote — si fol ? —
Adorant des moulins, qui cache un scapulaire !
Bons poètes chantant l'affront crépusculaire,
Les visages fardés n'auront mimé leur dol !

Aux coupes de Jésus tu bois comme on s'enivre ;
Puis, tourne les feuillets empoisonnés du livre
Jusqu'à l'apothéose de Monte-Christo :

1. D'un rhéteur français.

(Monte-Christo revient par le prochain bateau ;
Gare !) — Ta crainte afferme mémoire hantée !
Et ce soir ta prière est fraîchement menthée !...

VI. — HIVER

Si je désire une eau d'Europe, c'est la flache
Noire et froide, où vers le crépuscule embaumé
Un enfant accroupi, plein de tristesse lâche
Un bateau frêle comme un papillon de mai.

ARTHUR RIMBAUD.

LA CRÉMERIE :

Je sais qu'un lis s'ouvrit à la saison lointaine :
— Ô clair matin d'hiver baisez la crémerie
Comme l'agneau du saint approuve de sa laine
Le moine blanc qui pleure à l'autel de Marie.

En tes cheveux — l'ombre dès sa source est tarie ! —
Le linceul de mon rêve où tes yeux porcelainent,
Rayonnent le néant d'un calme de Germaine,
Neige que ne saurait troubler la laiterie !

Et c'est comme un repos sur des douleurs exquises !
(Ma bouche a murmuré la poudre des marquises
D'« antan ») — halte future où la fumée émane

Le « Pâle Voyageur », qui, ses armes rongées,
Évoque les blondeurs crémeuses du barman
Sous les palmiers drapés d'antilopes vengées…

THOMAS W. LANCE A DIT.

(Hiver 1896-1897)

Cartes Postales

NOTE

Nous avons réuni sous le titre général de « Cartes Postales » les poèmes de Levet que nous avons pu retrouver dans :

La Vogue : quatre poèmes (« *Sonnets torrides* » : « Les Voyages » (triptyque) et « Possession française »), 15 mars 1900 (référence à la Bibliothèque Nationale : 8° Z. 10710).

[C'est la seule collaboration de Levet à *La Vogue.* Mais il est cité dans cette revue (page 214 de l'année 1899) à l'occasion de sa nomination, et de celle d'Ernest La Jeunesse, au titre d'officier d'Académie ; et, par les Notes insérées au verso de la couverture d'un numéro de *La Vogue* nous avons appris que Henry Levet fut un des deux secrétaires du Comité formé en vue d'élever un monument à Rimbaud.]

La Plume : un poème (« Afrique Occidentale »), février 1901.

La Grande France : cinq poèmes : « Cartes Postales » parus en deux groupes (« Biskra », « La Plata », « Nice », d'une part, et « Nagasaki » et « Port-Saïd », d'autre part) dans les numéros d'avril et de septembre 1902.

Nous remercions M. Ary Leblond, dont les précieuses indications nous ont permis de retrouver les « Sonnets Torrides », et qui a bien voulu nous prêter les numéros de février à octobre 1902 de *La Grande France*, introuvables à la Bibliothèque Nationale.

L.-P. F. V. L.

SONNETS TORRIDES

LES VOYAGES

(triptyque)

I

OUTWARDS

À Francis Jammes.

*L'*Armand-Béhic *(des Messageries Maritimes)*
File quatorze nœuds sur l'Océan Indien...
Le soleil se couche en des confitures de crimes,
Dans cette mer plate comme avec la main.

— Miss Roseway, qui se rend à Adélaïde,
Vers le Sweet Home *au fiancé australien,*
Miss Roseway, hélas, n'a cure de mon spleen ;
Sa lorgnette sur les Laquedives, au loin...

— Je vais me préparer — sans entrain ! — pour la fête
De ce soir : sur le pont, lampions, danses, romances
(Je dois accompagner miss Roseway qui quête

— Fort gentiment — pour les familles des marins
Naufragés !) Oh, qu'en une valse lente, ses reins
À mon bras droit, je l'entraîne sans violence

Dans un naufrage où Dieu reconnaîtrait les siens...

II

British India

À Rudyard Kipling.

Les bureaux ferment à quatre heures à Calcutta ;
Dans le park *du palais s'émeut le* tennis ground *;*
Dans Eden Garden *grince la musique épicée des cipayes ;*
Les équipages brillants se saluent sur le Red Road…

Sur son trône d'or, étincelant de rubis et d'émeraudes,
S. A. le Maharadjah de Kapurthala
Regrette Liane de Pougy et Cléo de Mérode
Dont les photographies dédicacées sont là…

— Bénarès, accroupie, rêve le long du fleuve ;
Le Brahmane, candide, lassé des épreuves,
Repose vivant dans l'abstraction parfumée…

— À Lahore, par 120 degrés Fahrenheit,
Les docteurs Grant et Perry font un match de cricket, —
Les railways rampent dans la jungle ensoleillée…

III

Homewards

À M. P. Bons d'Anty.

Au Waterloo Hotel[1]*, j'ai achevé mon* tiffin,
Et, mon bill *payé, je me dirige vers le* wharf.
*Voici l'*Indus *(des Messageries Maritimes)*
Et la tristesse imbécile du « homewards ».

— Quelques officiers français qui reviennent de l'Indo-Chine
Passer en Europe un congé de six mois,
Commentent l'embarquement de jeunes misses, assez divines,
Avec lesquelles je ne flirterai certes pas !

Sur le pont mes futurs compagnons de voyage
Me dévisagent…
Puis on passe une sommaire visite de santé —

(Cette année la peste a fait ici bien des ravages !)
— Enfin voici la cloche du départ, qui sonne
Que je ramène, pieusement ouatée,

La fleur de ma mélancolie anglo-saxonne…

1. Bombay.

Possession française

À la mémoire de Laura Lopez.

On se souvient de la chapelle des Goyaves
Où dorment deux mille dimanches des Antilles,
De la viduité harmonieuse du havre,
Et de la musique, du temps vieillot des résilles…

— Colonie d'où l'aventurier revenait pauvre ! —
Les enfants demi-nus jouaient, et leurs cris
Sourdaient, familiers comme les bougainvilliers mauves,
De la vérandah et de la terrasse aux lourds murs gris…

— Et les picnics du dimanche au Gros-Morne ?
— Ils ont vécu, les bons vieux romans qu'orne
La Jeune Créole, *lente, aux mœurs légères…*

Ces enfants sont partis et leurs parents sont morts —
Et maintenant dans la petite colonie morte,
Il ne reste plus que quelques fonctionnaires…

Afrique Occidentale

À Léon-Paul Fargue.

Dans la vérandah de sa case, à Brazzaville,
Par un torride clair de lune congolais
Un sous-administrateur des colonies
Feuillette les « Poésies » d'Alfred de Musset...

Car il pense encore à cette jolie Chilienne
Qu'il dut quitter en débarquant, à Loango...
— C'est pourtant vrai qu'elle lui dit « Paul, je vous aime »,
À bord de la « Ville de Pernambuco *».*

Sous le panka qui chasse les nombreux moustiques
Il maudit « ce rivage où l'attache sa grandeur »,
Donne un soupir à ses amours transatlantiques,
Se plaint de la brusquerie de M. le Gouverneur,
Et réprouve d'une façon très énergique
La barbarie des officiers envers les noirs...

Et le jeune et sensitif fonctionnaire
Tâche d'oublier et ferme les yeux...

« Regrettez-vous le temps où le ciel sur la terre
Marchait et respirait dans un peuple de dieux,
Où Vénus Astarté, fille de l'onde amère... ? »

Algérie. — Biskra

À Henry de Bruchard.

Sous les terrasses du Royal défilent les goums
Qui doivent prendre part à la fantasia :
Sur son fier cheval qu'agace le bruit des zornas,
On admire la prestance du Caïd de Touggourth...

Au petit café maure où chantonne le goumbre
Monsieur Cahen d'Anvers demande un cahouha :
R. S. Hitchens cause à la belle Messaouda,
Dont les lèvres ont la saveur du rhât-loukoum...

Le soleil, des palmiers, coule d'un flot nombreux
Sur les épaules des phtisiques radieux ;
La baronne Traurig achète un collier d'ambre ;

La comtesse de Pienne, née de Mac-Mahon
Se promène sur le boulevard Mac-Mahon...
— « Hein ! Quel beau temps ! Se croirait-on à fin
[Décembre ? »

RÉPUBLIQUE ARGENTINE. — LA PLATA

À Ruben Dario.

Ni les attraits des plus aimables Argentines,
Ni les courses à cheval dans la pampa,
N'ont le pouvoir de distraire de son spleen
Le Consul général de France à la Plata !

On raconte tout bas l'histoire du pauvre homme :
Sa vie fut traversée d'un fatal amour,
Et il prit la funeste manie de l'opium ;
Il occupait alors le poste à Singapoore...

— Il aime à galoper par nos plaines amères,
Il jalouse la vie sauvage du gaucho,
Puis il retourne vers son palais consulaire,
Et sa tristesse le drape comme un poncho...

Il ne s'aperçoit pas, je n'en suis que trop sûre,
Que Lolita Valdez le regarde en souriant,
Malgré sa tempe qui grisonne, et sa figure
Ravagée par les fièvres d'Extrême-Orient...

Côte d'Azur. — Nice

À Francis Jourdain.

L'Écosse s'est voilée de ses brumes classiques,
Nos plages et nos lacs sont abandonnés ;
Novembre, tribunal suprême des phtisiques,
M'exile sur les bords de la Méditerranée…

J'aurai un fauteuil roulant « plein d'odeurs légères »
Que poussera lentement un valet bien stylé :
Un soleil doux vernira mes heures dernières,
Cet hiver, sur la Promenade des Anglais…

Pendant que Jane, qui est maintenant la compagne
D'un sain et farouche éleveur de moutons
Émaille de sa grâce une prairie australe
De plus de quarante milles carrés, me dit-on,

Et quand le sang pâle et froid de mon crépuscule
Aura terni le flot méditerranéen,
Là-bas, dans la Nouvelle Galles du Sud,
L'aube d'un jour d'été l'éveillera… C'est bien !…

Japon. — Nagasaki

À Auguste Brunet.

La ville a clos ses prunelles multicolores
Et tu ses baladins, ses gongs et ses tam-tams ;
Sur l'eau calme le capitaine du port
Promène dans un sampan dont il tient les rames...

Depuis la dernière épidémie de choléra
Où sa fille lui fut brusquement enlevée,
— Il y a aujourd'hui juste un an de cela —
Le capitaine Kio-tsu a beaucoup changé.

Après l'événement — lui si mondain naguère ! —
Il a rompu avec toutes ses relations,
Et vit dans son cottage triste et solitaire :
(Même on a craint, pendant un temps, pour sa raison...)

Son désespoir semble l'étreindre comme une cangue
Car il baisse en ramant sa tête anémiée ;
Il circule parmi les navires à l'ancre,
Les cargo-boats, les steamers, les charbonniers...

Comme le calme de cette belle nuit lui pèse !
Ah ! mais voilà soudain que le père meurtri
L'entend se déchirer cette nuit japonaise,
Où comme en son manteau dormait Nagasaki…

Une hallucination de cet esprit malade
Lui fait ouïr les voix sinistres des sirènes
De tous les bateaux qui dorment là, dans la rade,
Pour lamenter de concert sur la mort de son Yu-len !

Oui, elles lamentent pour la jeune Trépassée
Comme les pleureuses des enterrements anciens :
Leurs hurlements de Walkyries affolées,
Le chœur de leurs clameurs stridentes et crispées,
Les sifflements lugubres des sombres traversées,
— Ah quel anniversaire pour une fille de marin !

— Voilà ce qu'entend dans sa folle douleur sans remède
Le capitaine du port de Nagasaki ;
Quand rien ne trouble cette nuit lunaire et tiède
Que la mélopée lente d'un Thériaki…

Égypte. — Port-Saïd. — En rade

À Gabriel Fabre.

On regarde briller les feux de Port-Saïd,
Comme les Juifs regardaient la Terre Promise ;
Car on ne peut débarquer ; c'est interdit
— Paraît-il — par la Convention de Venise

À ceux du pavillon jaune de quarantaine.
On n'ira pas à terre calmer ses sens inquiets
Ni faire provision de photos obscènes
Et de cet excellent tabac de Latakieh…

Poète, on eût aimé, pendant la courte escale
Fouler une heure ou deux le sol des Pharaons,
Au lieu d'écouter miss Florence Marshall
Chanter « The Belle of New York », au salon.

VARIANTES

La « copie soignée » dont Valery Larbaud annonce l'envoi à Adrienne Monnier dans sa lettre du 4 mars 1920 (voir p. 24) est conservée au Fonds Larbaud de la Bibliothèque de Vichy (vol. XLII). Elle comporte dix-sept pages, en lettres majuscules. La première porte l'inscription suivante :

Esta es la edición de lujo
De Carmen y Pilarita Peñalver
ejemplar único,
se lo regala su buen amigo
Valery Larbaud

et, en épigraphe :

« ... *como la flor del almendro, como la mejorana...* »
Juan Ramón Jiménez

Larbaud citera à nouveau ce vers de Juan Ramón Jiménez dans *Villes ou paysages*, paru dans *Le Manuscrit autographe*, mai-juin 1926, et repris dans *Jaune bleu blanc*, sous le titre *Douze villes ou paysages*.

Cette copie comprend sous le titre général de *Poëmes* : *Le Coche manqué* et *Parades*, dont Larbaud n'a maintenu de la dédicace que les initiales À Mademoiselle F—Z—, parus dans *Le Courrier français* des 24 mai et 9 août 1896 ; *Le Drame de l'Allée* ; *Le Pavillon ou la Saison de Thomas W. Lance* ; *Cartes Postales : De Biskra, De La Plata, De Nice.*

(F—Z— est, évidemment, Fanny Zaëssinger.)

On constate quelques variantes, signalées ici pour la première fois, entre le manuscrit offert à Alicante aux demoiselles Peñalver et les éditions imprimées des *Poèmes* (Maison des Amis des Livres, 1921 et Gallimard, 1943). Elles sont dues sans doute à quelque inattention de Larbaud, lorsqu'il recopia ces poèmes d'après l'article de Marie-Louise Fallières paru dans *L'Effort* du 1er mai 1902, où seuls les titres des poèmes étaient fautifs. Larbaud dut corriger le manuscrit alicantin (ci-dessous désigné *Ms Al.*) lorsque Ary Leblond lui eut communiqué, en 1920, l'ensemble des numéros de *La Grande France.*

De Biskra (devenu *Algérie. — Biskra*) :

Ms Al. vers 1	Sur la terrasse
Éditions	Sous les terrasses
Ms Al. vers 5	où bourdonne
Éditions	où chantonne
Ms Al. vers 6	un caoua
Éditions	un cahouha
Ms Al. vers 7	R.S. Hichens
Éditions	R.S. Hitchens
Ms Al. vers 7	avec la belle Messaoua
Éditions	à la belle Messaouda
Ms Al. vers 13	sur l'avenue Mac Mahon
Éditions	sur le boulevard Mac-Mahon

De Nice (devenu *Côte d'Azur. — Nice*) :

Ms Al. vers 9	Tandis que Jane
Éditions	Pendant que Jane
Ms Al. vers 12	De plus de trente mille carrés
Éditions	De plus de quarante milles carrés
Ms Al. vers 13	le ciel pâle
Éditions	le sang pâle

De La Plata (devenu *République Argentine. — La Plata*) :

Ms Al. vers 1	Ni les sourires
Éditions	Ni les attraits
Ms Al. vers 3	Ne peuvent arriver à guérir
Éditions	N'ont le pouvoir de distraire
Ms Al. vers 13	Malgré sa barbe
Éditions	Malgré sa tempe

Notons que certaines de ces variantes ne relèvent pas seulement d'un manque d'attention et que, dans le manuscrit alicantin, aucune dédicace n'est mentionnée.

En recopiant, le 27 décembre 1920, les quatre poèmes — *Le Voyage* (c'est-à-dire *Outwards*, *British India* et *Homewards*) et *Possession française* — parus dans *La Vogue* du 15 mars 1900, Valery Larbaud commit encore quelques erreurs, qui furent reproduites dans les deux éditions des *Poèmes*.

British India :

La Vogue	Les docteurs Grant et Perry font un match de *racket-*...
Éditions	Les docteurs Grant et Perry font un match de cricket...

Homewards :

La Vogue	Quelques officiers français qui reviennent d'Indo-Chine...
Éditions	Quelques officiers français qui reviennent de l'Indo-Chine...

Possession française :

La Vogue	Ils ont vécu, les bons vieux mauvais romans qu'orne...
Éditions	Ils ont vécu, les bons vieux romans qu'orne...

NOTES

Les *Poèmes* de Levet sont, le plus souvent, accompagnés d'épigraphes et de dédicaces. Celles-ci ne demandent pas toutes d'éclaircissements. S'il est inutile de présenter Rimbaud, Beaumarchais, Jules Laforgue, Francis Jammes ou Rudyard Kipling en tant qu'auteurs, il peut être intéressant de situer les épigraphes que Levet tira de leur œuvre. Certains dédicataires, liés de plus près à sa vie, au milieu qu'il fréquenta, à son époque, réclament quelques précisions. Nous les donnons par ordre d'apparition.

Fanny Zaëssinger, « une toque de fourrure, des bandeaux et un visage en aveline », était le modèle et l'amie de Charles-Lucien Léandre (1862-1934), peintre et caricaturiste (notamment au *Rire* et au *Figaro*) et voisin d'immeuble de Levet, rue Lepic. Elle était admirée de Fargue, de Jean de Tinan, de Pierre Louÿs, d'André Lebey, de Francis Jourdain, d'Ernest La Jeunesse, qui écrit, dans un article de *La Revue Blanche* : « Elle est NOUS et notre génération. » Comédienne au théâtre de l'Œuvre, elle prit part aux représentations pour marionnettes d'*Ubu Roi*, au théâtre des Pantins, en janvier 1898. « Plusieurs aimaient la même femme », écrit Fargue dans *Tancrède.*

Fils de Frantz Jourdain, l'un des théoriciens de l'Art Nouveau et architecte des magasins de la Samaritaine, Francis Jourdain (1876-1958), peintre, graveur et décorateur, créa des meubles, dessina des papiers peints et des étoffes, exécuta des vitraux. Il a laissé un livre de souvenirs, *Né en 76* (Éd. du Pavillon, 1951).

Ernest La Jeunesse (1874-1917), personnage excentrique, est surtout connu pour *Les nuits, les Ennuis et les Âmes de nos plus notoires contemporains* (1896), pastiches en vers et en prose d'écrivains célèbres.

L'épigraphe d'Arthur Rimbaud est tirée de la deuxième partie du poème *Enfance*, dans *Illuminations*.

Alphonse Karr (1808-1890) fonda, en 1839, la revue *Les Guêpes*, dans laquelle il donna libre cours à son talent de satiriste et de polémiste. En 1855, il s'établit sur la Côte d'Azur, où il fut le premier à exploiter le commerce des fleurs coupées.

L'épigraphe anonyme de *Printemps* est extraite du *Dialogue de Cloris et Philis*, de Mathurin Régnier, publié pour la première fois en 1619, puis dans les *Œuvres*, Leyde, Elzevir, 1652 et dans les *Œuvres*, Londres, sans nom d'éditeur, 1746 (note due à Jean-Pierre Chauveau).

Levet cite imparfaitement deux répliques du *Barbier de Séville*, de Beaumarchais (acte I, scène 3). Le texte exact est le suivant :
« Rosine : Ce sont des couplets de la *Précaution inutile* que mon Maître à chanter m'a donnés hier.
Bartholo : Qu'est-ce que la *Précaution inutile* ? »

Maurice du Plessys (1864-1924) fit partie, avec Raymond de La Tailhède, Ernest Raynaud et Charles Maurras de l'École romane fondée, en 1891, par Jean Moréas, en réaction contre les abus poétiques du symbolisme. Il s'agit du premier quatrain d'un sonnet intitulé *La Malmaison* paru en anthologie en 1886. Il devait paraître dans *La Peau de Marsyas*, recueil auquel Du Plessys renonça et qui ne fut édité qu'en 1997, à la Librairie Nizet, par les soins de Jean-José Marchand.

Le vers de Jules Laforgue est tiré de la *Complainte de l'époux outragé* (*Les Complaintes*, Vanier, 1885).

Il s'agit du quatrain final du *Bateau ivre* d'Arthur Rimbaud.

P. Bons d'Anty collabora, en 1904, à un guide sur la Chine. En 1910, il était consul de France à Tch'eng-tou-fou, où il connut Victor Segalen. Plus tard, dans une lettre à Philippe Berthelot du 3 janvier 1917, Alexis Léger reconnaîtra en lui un parfait connaisseur de la Chine intérieure, « qui encombre l'Agence des Messageries Maritimes de ses grandes malles chinoises en bois de camphrier ».

Laura Lopez — Levet mêle volontiers personnages réels et personnages imaginaires — est l'une des héroïnes créoles de *Clara d'Ellébeuse ou l'histoire d'une ancienne jeune fille*, bref roman de Francis Jammes paru au Mercure de France en 1899. Elle est enterrée dans un cimetière pyrénéen et sa tombe porte cette inscription : Laura Lopez 1805. « Et Clara d'Ellébeuse n'a jamais bien su qui était cette personne. C'était une amie de la famille, lui a-t-on dit. »

Henry de Bruchard, dreyfusard à *L'Aurore*, puis antisémite avec la même conviction, publia, entre autres, *Petits mémoires du temps de la Ligue* (1912). Militant de l'Action française, ami de Léon Daudet, de Paul-Jean Toulet, de Curnonsky, d'Alfred Jarry, il collabora, en 1905, à la revue *Le Damier*, qui ne connut que cinq livraisons.

Rubén Darío (1867-1916), poète nicaraguayen, connut une grande célébrité avec *Azúl* (1888), recueil de poèmes en vers et en prose. Vagabond cosmopolite, il vécut un temps à Paris, où il fréquenta Verlaine et Moréas. Il est considéré comme le père de la poésie espagnole moderne.

Auguste Brunet (1878-1952), cofondateur, avec Marius et Ary Leblond, de *La Grande France*, fut, successivement, gouverneur de la Nouvelle Calédonie, gouverneur général de Madagascar, enfin secrétaire d'État au ministère de la France d'Outre-Mer. Il publia, en 1920, un recueil de poèmes, *Exil doré des îles* (voir p. 25).

Gabriel Fabre (1863-1921) écrivit de nombreuses mélodies sur des poèmes de Verlaine, Charles Cros, Laforgue, Moréas ou Stuart Merrill, et sur le *Livre de Jade* traduit du chinois par Judith Gautier.

Un autre point mérite d'être éclairci. Dans la « conversation », Léon-Paul Fargue écrit, à propos de Levet : « Il aimait la casquette jusqu'à la deffe, mais il collectionnait les feutres et les sombreros sévillans du gris le plus argenté » (p. 55-56). Une note d'Albert Simonin, dans *Petit Simonin illustré par l'exemple* (Gallimard, 1968), signale que la deffe est une casquette, « du nom du chapelier Desfoux, créateur de la casquette à pont portée par les marlous de la fin du XIXe siècle et dont la mode fut lancée dans le XIXe arrondissement ».

Dossier

BIOGRAPHIE

1874-1906

1874. *13 janvier* : naissance à Montbrison (Loire) de Henri Jean Marie Étienne Levet, fils de Jean Georges Angel Levet, député, et de Michelle Anne Marie Pauline (*dite Juliette*) Lavigne.

1882. *2 octobre* : entre à l'école Monge, à Paris.

1889. *1er janvier* : entre au lycée Condorcet.

1893. Habite, avec sa famille, 22, rue Cambon, à Paris.

1894. Réformé au service militaire.

1895. *10 février* : début de la collaboration de Levet au *Courrier français*, qui durera jusqu'en décembre 1896.

1896. *Février* : s'installe 34, rue Fontaine.
De juin à septembre, collabore à *La Plume.*

1897. Installation 67, rue Lepic.
Mars et juin : collaboration à *L'Aube.* Publie *Le Pavillon ou la Saison de Thomas W. Lance*, dans la « collection bibliophile » de *L'Aube.*
Septembre : publication, à compte d'auteur, de *Le Drame de l'Allée.*
29 octobre : lettre au ministre de l'Instruction publique sollicitant une mission en Indochine, « aux fins d'étudier l'art khmer dans son esthétique et rechercher quelles peuvent être ses origines hindoues, brahmines et bouddhiques ». Il demande, en outre, « quelques subsides pour diminuer le plus possible mes frais de voyage et le séjour ».
4 novembre : nommé chargé de mission en Indochine, dont Paul Doumer est gouverneur général. Le ministère lui accorde une somme de 1 800 francs et la Compagnie des Messageries

Maritimes une réduction de 30 % sur le prix du billet pour Saïgon via Colombo et Calcutta.

1898. *Juin* : retour de mission.

4 décembre : envoie son rapport au ministre de l'Instruction publique.

1899. *6 janvier* : note extrêmement sévère d'Étienne-François Aymonier, directeur de l'École coloniale.

16 février : Levet est nommé officier d'Académie.

1900. *15 mars* : dans *La Vogue* paraissent, sous la signature Henry-J.-M. Levey, *Sonnets torrides — Les Voyages (triptyque)* et *Possession française.*

Décembre : dans *La Revue Blanche*, appel pour l'érection d'un monument Rimbaud, signé par Georges Clemenceau, Félix Fénéon, Paul Fort, Francis Jammes, Francis Jourdain, Paul Léautaud, Pierre Louÿs, Maurice Maeterlinck, Stuart Merrill, Jean Moréas, Camille Pissarro, Raymond Poincaré, Auguste Rodin et Henri Levet, qui sera l'un des trois secrétaires du Comité formé à cet effet.

1901. *Février* : collaboration à *La Plume.*

21 juillet : inauguration du monument Rimbaud, à Charleville.

1902. *17 janvier* : lettre à Théophile Delcassé, ministre des Affaires étrangères, sollicitant un poste de vice-consul. Fait valoir son expérience « acquise au cours de plusieurs voyages d'études en Europe, en Asie et en Afrique, ainsi que la connaissance de la langue anglaise ».

Avril et septembre : publication de *Cartes Postales* dans *La Grande France.*

10 novembre : nommé vice-consul de troisième classe à Manille (Philippines), avec fonction de secrétaire-archiviste.

30 novembre : s'embarque à Marseille pour Manille.

1903. *Février* : rédige un rapport, signé Bérard, sur le séjour de l'escadre anglaise à Manille. « Le club anglais de Manille a donné en l'honneur de l'amiral Bridge, un grand bal auquel ont assisté toutes les autorités locales, ainsi que les membres du Corps consulaire. »

Juin : malade, obtient un arrêt de travail d'un mois.

1904. *Juin* : congestion pulmonaire.

19 octobre : sollicite un congé de six mois à dater du début de l'année 1905, pour raisons de santé.
26 octobre : au consulat d'Italie à Manille, Levet vient saluer, au nom du gouvernement de la République française, S.A.R. le duc des Abruzzes, de passage.

1905. *20 février* : lettre d'Albert Pinard, consul de France aux Îles Philippines, adressée au ministre des Affaires étrangères à Paris, exprimant toute sa satisfaction en ce qui concerne Levet et le proposant comme vice-consul de deuxième classe. Levet, qui accepte d'assurer quelque temps encore la gérance du consulat par bienséance professionnelle, demande à être relevé de son poste dès avril.
7 mars : lettre de Georges Levet, député, au ministre, demandant que son fils, pour raisons de santé, puisse rentrer en France au printemps.
15 avril : s'embarque sur le *Tonkin*, à destination de Marseille, où il arrive le 15 mai.
4 novembre : se voit confier la gérance du consulat de France à Las Palmas (Îles Canaries).

1906. *14 février* : nommé titulaire de la chancellerie de Las Palmas.
6 avril : voyage du roi d'Espagne Alphonse XIII aux Canaries. « Trois journées bien remplies, représentation de gala au théâtre, dîner à l'Hôtel de ville, déjeuner à bord du yacht royal, garden-party, excursion dans l'île, bataille de fleurs. »
Été : retour de Las Palmas, via Malaga. Cure à La Bourboule. S'installe à l'Hôtel du Printemps, rue du Havre, à Paris.
Dîne au restaurant Garnier, en face de la gare Saint-Lazare, avec sa mère et Léon-Paul Fargue.
12 septembre : arrêt maladie pour bronchite, signé par le docteur Dulac, de Montbrison.
18 septembre : accord pour une prolongation de congé.
Installation, avec sa mère, à Menton.
6 novembre : proposition de prolongation de congé maladie, signée par le docteur Malibran, de Menton.
6 décembre : lettre de Levet demandant une prolongation de congé de trois mois, « en vertu de l'article 14 du décret du 2 janvier 1884 ».

11 décembre : demande acceptée.
14 décembre : mort de Henry J.-M. Levet, à Menton.
15 décembre : télégramme de Georges Levet, daté de Menton, à Marvejouls, sous-chef au cabinet du ministre des Affaires étrangères. « AVEC DOULEUR ANNONCE DÉCÈS DE MON FILS : LEVET. »

Ces précisions d'ordre biographique sont extraites de *Henry J.-M. Levet, ébauche de chronologie*, par Jean-Paul Goujon et Maurice Imbert, Association Internationale des amateurs de Thomas W. Lance, Paris, 1985 et reprennent, en outre, des éléments figurant au dossier Levet déposé aux Archives diplomatiques du ministère des Affaires étrangères.

RAPPORT SUR LES ORIGINES HINDOUES DE L'ART KHMER[1]

Quand un empire est tombé, sa grandeur passée se mesure aux vestiges de son art. Et c'est parmi ses ruines, que les siècles ont amoncelées en un tragique désordre, que l'homme peut porter un jugement sur l'histoire d'une cité morte. Les reconstitutions même partielles sont hardies. Flaubert, ce grand poète qui alla pleurer sur les ruines de Carthage, n'en rapporta que des plans fantaisistes, mais si l'histoire peut s'apprendre en lisant, l'histoire ne se sent qu'en rêvant parmi les débris déchiquetés par le temps et les hommes. Que de ruines nous ont rappelé que le génie humain fut grand avant nous et qu'avant nous l'artiste existait ! Les peuples sont un peu comme notre humanité ! Ils naissent, procréent, les uns meurent en bas âge, les autres sont voués à un semblant d'éternité. Que de Babylone ne sont plus qu'un nom ! Que de Carthage, d'Angkor disparues sans laisser d'autres traces que des colonnades monstrueuses, des portiques crevés et des escaliers de Babel qui semblent encore monter l'appel vers quelque divinité défunte, vers quelque esprit bienfaisant insoupçonné. Tout art, en général, prend sa source en sa religion, en son idéal, et cela aussi bien dans l'art khmer, qui nous occupe ici, que dans l'art grec et que dans les autres arts, y compris les nôtres.

Les hommes s'inspirent de leurs dieux pour bâtir. Comme les rois, les dieux sont cousins. Toutes les architectures dédiées au divin, partant, ont des analogies quelquefois frappantes, si, d'autres fois, obs-

1. Reproduit avec l'aimable autorisation de M. Maurice Imbert, d'après manuscrit déposé aux Archives nationales.

cures. C'est pourquoi avant que de s'appesantir sur l'habitacle, il convient d'étudier l'habitant.

Notre *Trinité*, notre *Incarnation*, notre *Rédemption*, c'est la *Trimourti* hindoue : Brahma, Siva et Vishnou personnifient les trois formes de l'existence universelle, création, destruction, renaissance. Jésus de Nazareth est né de la Vierge Marie. Chez les hindous, Vishnou naquit dans le sein de la Vierge Avany. Les bouddhistes font naître Çakya-Mouni dans le sein de la Vierge Maïa, fécondée par un rayon de l'Éternelle Sagesse. Toutes les légendes divines sont sœurs d'âges différents ; nous les retrouvons mortes, la face tournée contre la terre, comme nos arrière-petits-neveux, sans doute, retrouveront nos Christs et nos saints.

Les deux grandes religions de l'Orient, le brahmanisme, qui compte actuellement plus de deux cents millions de fervents, dans les Indes, et le bouddhisme, qui en dérive et dont presque la moitié de la race humaine a embrassé la calme doctrine, se touchent de si près, quant à leurs sources et à leur morale, que les profanes, parfois, les confondent. Sans crainte d'être taxé de paradoxe, on peut donc soutenir que si l'une découle de l'autre, l'architecture des temples de la première enfanta celle des temples voués à la seconde.

On est tenté d'admettre avec Platon, Aristote, Descartes, Holbach, l'éternité de la matière (« la nature n'est pas un ouvrage, elle a toujours existé par elle-même, et c'est dans son sein que tout se fait ») devant sa longévité qu'il nous est donné de contempler. Héraclite, Démocrite, Épicure et Spinoza, aussi l'hindouisme, l'ont constaté : « Il n'y a qu'un être et qu'une nature et cette nature produit en elle-même, par une action immanente, tout ce qu'on appelle créatures. » C'est là, précisément, le panthéisme hindou qu'expliquent et chantent les hymnes védiques, qui inspire les poèmes, les drames, les œuvres d'art, les temples et leurs ornements, bref tout ce que nous a laissé l'Inde ancienne : Inora est l'Esprit Unique, la nature universelle ; de lui sont issus Brahma, Siva et Vishnou, la génération, la destruction et la renaissance, toujours en action dans le Grand Tout. Ainsi, la plus ancienne religion se retrouve dans la plus moderne philosophie hégélienne que Darwin applique à la biologie. On peut donc dire que les religions forment une immense chaîne dont les chaînons sont des dieux apparentés. Nous retrouvons aussi, sur tous les temples, des symboles qui, pénétrés, ont une même source ; partout les mêmes figures d'oiseaux, de singes, d'éléphants, de bœufs, etc. Sur tous les murs s'incrustent les esprits célestes qui président aux destinées avec Brahma, Siva et Vishnou. C'est Inora Chrishna, la plus radieuse incarnation de Vishnou. Rama, le héros divin ; Kali, la sévère déesse des châtiments ; Ganga, la bonne mère ; Varonna, l'esprit des eaux ; Agni, celui du feu ; Cauvera, celui des richesses ; Sourya, celui du soleil ; Soma, celui de la lune ; Ganesa, celui des entreprises heureuses, etc. Victor Cousin l'a dit avec raison, l'histoire de la philosophie de l'Inde est l'abrégé de l'histoire de l'humanité.

Les dieux objectifs et surnaturels sont-ils autre chose que les « moi » surnaturels, l'être subjectif sorti de ses limites et hissé au-dessus de son être objectif ? Les dieux sont fils des climats comme l'imagination. Hume dit : « Par degrés l'imagination de l'homme, mal à l'aise dans cette conception abstraite des objets dont il s'occupe incessamment, commence à les rendre plus précis et à les revêtir de formes plus accessibles à sa compréhension naturelle : il se les représente comme des êtres sensibles et intelligents à la manière de l'être humain, se laissant fléchir aux offrandes, aux prières, aux sacrifices. » Telle est l'origine de toute religion. Le peuple grec a son ciel de figures idéales, un *alter* divin. Les dieux, éternellement beaux, combattent, vivent, aiment à la manière des hommes et trouvent le plus grand charme à se mêler personnellement aux destinées humaines. Le juif a le Schöll. Au ciel des catholiques la Vierge plaide pour les coupables avec sa tendresse et son éloquence de femme. Le paradis de Mahomet promet des houris d'une inaltérable beauté. Brahma assure le Sivarga au pieux brahmane, après les incarnations successives auxquelles les matières sont soumises. Le Bouddha apprit à ses premiers fidèles à conquérir le Nirvana. « Le mortel a fait l'immortel », dit le Rag-Veda. L'homme crée des dieux propices à la satisfaction complète des jouissances qu'il désira sur la terre, selon son climat. Un peu de sagesse et beaucoup de poésie ont fait le reste ; et ce reste, ce sont des temples dont la plupart retournent à la terre ; ce sont ces rites, un peu copiés les uns sur les autres ; c'est l'autel immuablement tourné vers le nord ; ou c'est le feu sacré qui brûle depuis des milliers d'années dans la crainte que les soleils de Sourya ne s'éteignent...

Cette mythologie hindoue s'étale, colorée, touffue, dans les grandes pagodes du sud de la péninsule hindoustane, à Tanjore, à Conjeevaram, à Trichinopoly, dans l'île Sri-Ringam, à Sarangapany et surtout à Madura. La pagode de Madura est de beaucoup la plus importante de toute cette région, et au point de vue architectural, et au point de vue religieux ; elle est doublement sacrée, car la ville de Madura fut une des résidences élues de Siva. Les pèlerins y affluent chaque année à l'époque des fêtes sacrées. C'est la Bénarès du Sud, disent les brahmanes. Les icônes sculptées et multicolores grouillent sur ses gopuras, tapissent ses salles immenses de leur vénérabilité, grimpent aux pylônes et s'enroulent autour des arcades qui environnent les étangs sacrés. Dans ces grands temples du sud de l'Inde, nullement en ruines — ils remontent au XIIIe siècle de notre ère —, la foi brahmanique s'affirme très intense ; ils représentent le pur art hindou, dans sa splendeur un peu grossière à nos yeux, qui ne se révèle plus, dans son extrême antiquité, que par de poudreux décombres, dans les plaines du Punjab, du Rajpuntana et du Bengale, des épaves de temples délaissés après la révolution bouddhique et détruits par les musulmans iconoclastes, lors des épopées mongoles. Depuis, le brahmanisme a retrouvé ses adeptes et les brahmanes leurs prérogatives. Le bouddhisme quitta l'Hindoustan et alla s'efforcer d'adoucir la vie en d'autres contrées. Et chez le peuple khmer, grâce aux missionnaires de Çakya-Mouni, le rayonnement auguste de la gigantesque figure de Bouddha a terni l'auréole des dieux de l'ancien rite hindou dont on peut retrouver les images, rongées par le temps et les lianes, dans cet océan de ruines qu'est Angkor, la capitale écroulée du peuple défunt dont l'esthétique architecturale nous intéresse. Donc avant la propagation de la foi bouddhique, le culte de Brahma florissait chez les Khmers comme chez les hindous de la péninsule.

L'empire des Khmers a disparu aujourd'hui. Il n'en reste plus que des ruines importantes, enfouies, et défendues par la végétation si puissante en ces pays de feu. L'étude de ces ruines est très aride : la difficulté qu'on a de les approcher, d'abord, le manque de bases et de données certaines, ensuite, sont autant de barrières pour l'archéologue. Néanmoins, M. Fournereau a pu réunir et publier plusieurs notices, accompagnées de dessins, de plans et de moulages ; il en donna de nombreuses explications dans un livre paru en 1880, *Au Cambodge*. Je signalerai aussi quelques livres tels que *L'Art khmer*, du comte Croizier, *La Chronologie de l'ancien royaume khmer*, par Abel Bergaigne, et *L'Architecture khmère*, par Delaporte. Ces livres sont indispensables à la compréhension de l'art khmer, champ vaste où l'on ne peut que glaner. Ses origines en étaient pressenties, elles le sont encore. Pourtant, à l'examen des temples hindous, la comparaison architecturale est possible, une fois la comparaison divine établie. L'art khmer est assez fantaisiste, mais à part les grandes lignes toujours identiques, les temples et les pagodes ne diffèrent souvent que dans les détails et l'exposition. On peut croire à des origines hindoues dans l'art khmer à un cérémonial plutôt rituel comme à un souvenir architectural qu'on appelle le *pylône*. Si l'on trouve peu de ressemblance entre les ruines d'Angkor et les ruines des temples bouddhiques de l'Inde, on en découvre, se révélant dans les modes d'expressions, se rapportant à la religion mère.

Angkor peut être prise comme modèle de cité khmère, car toutes semblent bâties sur le même modèle. Sévère et imposante dans ses formes générales, imposante dans ses détails, la façade principale d'Angkor a six pylônes dont les trois premiers masquent exactement les trois autres. La terrasse qui était ornée de lions à crinières bouclées gît aujourd'hui dans les herbes, non loin d'un monstrueux Bouddha à quatre faces, renversé. Cette entrée monumentale est précédée d'une longue avenue bordée de dragons fantastiques qui conduit aux étangs sacrés. L'aspect colossal du temple indique que nous nous trouvons en présence d'une œuvre capitale de l'art khmer conçue hors des proportions ordinaires. C'est le chef-d'œuvre d'un Puget inconnu. Sur la tour d'angle du temple, au second étage, sont des reines et des danseuses, en bas-relief ; à droite et à gauche, des prêtres et des rois. Le temple est bâti en grès à grain très fin. Ici, l'examen est difficile ; les poutres et les ornements extérieurs, étant en bois sculpté, ont été ravagés par le temps. Les plafonds à lambris ont disparu. Quelques blocs parallélépipédiques sont gravés... Des trous, des saillies, des creux, des pleins, seulement, apparaissent. Impossible de chercher là une origine. De la « chaussée des géants » qui partait de la ville, continuant entre deux pièces d'eau pour aboutir à la porte de la troisième enceinte, il ne reste rien que des débris informes envahis par les hautes herbes.

Après avoir passé le pont sacré, on continue d'avancer sur la voie qui lui fait suite. Dans le lointain commence à se dessiner une longue rangée de colonnes d'où s'élance une masse pyramidale aux linéaments encore indistincts. Un mur très bas sert d'enceinte première. La porte s'ouvre devant un large escalier qui donne accès à une terrasse suivie d'une esplanade très vaste, presque carrée, dont la ligne est dentelée de deux douzaines de saillies inégales, chaque saillie ayant son escalier gardé par des lions comme ceux dont il est parlé plus haut. Des najas et des oiseaux s'incrustent sur les pierres. Comme dans les temples hindous, les animaux sont en grande quantité. Cette esplanade soutient une large galerie avec des péristyles angulaires très développés. La porte principale est seule surmontée d'une tête de Brahma que coiffe une sorte de cône divisé en annelets d'où émergent en saillie des femmes, des oiseaux et des fleurs de lotus. La seconde galerie est plus fastueuse encore ; elle a cent mètres sur chacun de ses côtés et une colonnade que coupent vingt entrées précédées de portiques à colonnes et surmontées de tours ; sur chaque façade, galeries et tours vont en augmentant et en grandissant des extrémités jusqu'au centre. De grands Brahmas nous contemplent. Partout, émergent des *Préasats* ornés de la quadruple tête du dieu. Au sommet, quatre portes s'ouvrent sur de larges passages qui aboutissent à une pièce ronde ; c'est là, comme dans tous les temples hindous, que se trouve le sanctuaire central, où, seuls, peuvent pénétrer les prêtres au degré de sainteté reconnu.

Prenons maintenant notre reculée et tâchons d'embrasser l'œuvre grandiose des artistes khmers : immensité ! Unité harmonieuse des plans, variété inépuisable des éléments et de leur combinaison, hardiesse, merveilleuse entente de la grande décoration, bon goût et profusion des ornements, voilà, semble-t-il, les termes de la synthèse de cet art.

Nous nous sommes étendus sur les nombreuses analogies que les édifices de l'ancien Cambodge présentent, non seulement avec les temples de l'Inde, mais encore avec ceux de Java et de la Birmanie, mais, quoi qu'il en soit de ces ressemblances, les monuments khmers n'ont de rivaux dans aucun pays de l'Extrême-Orient, où ils n'ont eu que des précurseurs. À cet art, deux choses appartiennent en propre, l'invention des ensembles et le goût correct et délicat de l'exécution. Rarement, en effet, les fantastiques monuments de l'Inde ont été construits avec une homogénéité aussi complète. Presque jamais le rapport du tout aux parties n'y a été aussi parfaitement envisagé en vue de l'effet général. Cette grandeur dans la conception caractérise à un haut degré le génie des artistes khmers. Forcés comme tous les bâtisseurs, ou, pour mieux dire, les créateurs, de se plier à des canons hiératiques, ils ont, de chaque anomalie imposée, tiré un motif original d'ornementation, qui, quelquefois, malheureusement, semble grossier.

Le peuple khmer est mort comme les peuples meurent, c'est-à-dire que, né d'un autre peuple, il s'en est retourné soit à lui, soit à un autre. Il est né de l'hindouisme. Les dieux védiques, dont les images sont disséminées dans les ruines khmères, l'attestent suffisamment. Les procédés décoratifs sont identiques.

Nous avons démontré comparativement dans les premières pages les analogies existantes, touchant les religions. D'un autre côté nous retrouvons dans certains temples khmers des dieux bâtards, vêtus d'autres légendes, sujets à d'autres rythmes et à d'autres rites, identiques, chez nous, quant à la divinité. Les rapports existent donc très proches, et cela n'a rien que de très naturel, car un même effet ne saurait engendrer deux causes étrangères l'une à l'autre.

L'art khmer paraît donc un mélange complexe de l'art brahmanique hindou et d'un art bouddhique qui lui serait propre. La preuve, si elle n'est que sensiblement subjective à l'analyse des religions, devient objective et rationnelle à l'examen des monuments.

Les origines de l'art khmer ne seraient autrement discutables que si l'avenir nous dévoilait un passé khmer absolument indépendant, absolument créateur. Nous ne pensons pas cela possible, car les religions hindoues, brahmanisme et bouddhisme, la première antérieure à l'autre, en seraient atteintes dans leurs sources. Quelle que soit encore notre ignorance concernant tous les peuples des Indes, on ne peut faire un tel pas en arrière sans prétendre que tous ceux qui étudièrent l'Inde se sont égarés.

Les bases religieuses ont prouvé le contact direct existant entre ces peuples ; l'étude des monuments religieux qui, seuls, restent debout n'a fait que renforcer cette idée avec preuves à l'appui.

Un pont, certainement, existe entre ces origines, quant à la matière. Mais les dieux, les esprits qui n'ont qu'une origine initiale ne reviendront jamais vers nous pour nous dévoiler le fond du bazar à légendes, qu'ils traînent de pays en pays, de peuples à peuples, et leurs prêtres sont comme ces marchands qui se tiennent, mélancoliques, vers les ports, et qui étalent et vantent aux passants des produits inconnus dont ils ignorent consciemment l'origine…

[HENRY LEVET]

Après avoir pris connaissance du rapport de Levet, Étienne-François Aymonier, directeur de l'École coloniale, rédigea la note suivante : « Le mémoire de Henry Levet dit Levey, chargé de mission, sur les origines hindoues de l'art Khmer, n'a qu'un seul mérite, celui d'être très court. Vide, creux, amphigourique et pompeux, composé de réminiscences de lectures mal digérées, ce prétentieux pathos philosophique ne peut dissimuler ni le défaut d'esprit scientifique, ni le manque complet de connaissances sur la matière abordée. Je n'y ai trouvé rien de neuf, rien de précis, à mon avis c'est un travail dépourvu de toute valeur. »

Selon Francis Jourdain, ce rapport aurait été rédigé à la Bibliothèque Nationale, en échange de la somme de 400 francs, par André, dit Andhré Ibels, auteur dramatique sans succès et frère du peintre et caricaturiste Henri-Gabriel Ibels (1867-1936).

POÈMES ET PROSES EXTRAITS DU *COURRIER FRANÇAIS*

(1895-1896)

Dans la « conversation » qui précède l'édition de 1921 des Poèmes *de Levet, Larbaud écrit : « Les choses du* Courrier français, *à part une ou deux, — les dernières en date, — ne valent pas la peine d'être publiées. À la rigueur, une ou deux pourraient figurer dans une anthologie du Chat Noir ; celle-ci par exemple :* L'Esthète *(sur l'air des* Vierges*) [...]. C'était sa période de début, ses premiers jeux, sous l'influence de Montmartre et du Boulevard. Je crois que, même en dehors de la lumière grise et désabusée de la Nationale, ce n'est guère lisible aujourd'hui ». Larbaud fait allusion à la collaboration de Levet au* Courrier français *en 1895 et 1896, où il publia quelques poèmes et quelques saynètes et, plus précisément, à ses comptes rendus de représentations théâtrales, aux théâtres de la Porte Saint-Martin, de l'Athénée comique, du Gymnase ou des Folies dramatiques, où l'on jouait des pièces de Paul Burani, Albert Guinon ou Léon Gandillot, auteur, entre autres de* Villa Gaby *et de* La Course aux jupons, *pièces définitivement tombées dans l'oubli. Maurice Saillet, dans les* Cahiers Valery Larbaud *(n° 12, mai 1974), en a dressé la liste. Nous donnons ici huit exemples de ces fantaisies de jeunesse ;* L'Esthète, Ballade pour les repas d'hiver, La Vaine Recherche, Vers pour le mirliton d'une patineuse, Impression d'hiver, Lettre au directeur du « Courrier français », Ballade libre de rime comme de raison *et* Chanson.

L'ESTHÈTE

AIR : *Les Vierges.*

À Lord L…

Il marche d'un pas cadencé,
Sanglé dans un veston cintré,
L'esthète ;
Il chausse un pantalon collant,
Montrant ses formes au passant,
L'esthète.

Il porte un grand col rabattu
Qui laisse voir son cou tout nu,
L'esthète ;
Il a des grands cheveux frisés,
Les yeux par le kohl allongés,
L'esthète.

Les misogynes, les blasés,
Ont encor, pour se dérider,
L'esthète ;
Plus d'un écrivain bien loti
A fouillé, travaillé, senti
L'esthète.

Par la femme il est détesté
Car c'est la boutique à côté,
L'esthète ;
La femme a la priorité,
Il a la postériorité
L'esthète.

Quand vous serez en pourparler
Avec lui, faudra ménager
L'esthète ;
Jamais il n'a envisagé

L'affaire par son bon côté,
L'esthète.

Il ne fait rien, c'est textuel,
Ainsi que le commun mortel,
L'esthète ;
On se mari' devant le maire
Et lui se mari' par derrière,
L'esthète.

(*Le Courrier français*, 2 juin 1895)

BALLADE
POUR LES REPAS D'HIVER

À G. d'Esparbès.

Que j'aime le premier frisson d'hiver !...

MUSSET

Alleluia, bientôt l'hiver sera levé ;
Chantons, pour nous le jour de gloire est arrivé ;
Jetons toques, chapeaux, képis, bonnets et mitres,
Car nous allons manger des truffes et des huîtres ;
Dedans le restaurant au mobilier moelleux,
Où nous sommes si bien quand il neige ou qu'il pleut,
— N'en déplaise aux censeurs, n'en déplaise aux Tartuffes, —
Nous irons y manger des huîtres et des truffes.

Chantons, rions, dansons, réjouissons-nous, morbleu,
Et faisons-nous monter du vin rouge, blanc, bleu ;
De Grave et de Chablis faisons sauter les litres ;
Car nous allons manger des truffes et des huîtres.
Mais avant de goûter ces mets dignes d'un roi,
Pour bien y faire honneur, novice, purge-toi,

De crainte que devant eux, tu ne te rebuffes,
Car nous allons manger des huîtres et des truffes.

Qu'importent les brouillards, qu'importent les frimas,
Qu'importent les frissons, la neige et le verglas;
Qu'importe si le froid fait congeler les vitres,
Car nous allons manger des truffes et des huîtres!
Et par les malheureux sans feux, ni lieux, ni pain,
Qui grelottent de froid et pâlissent de faim,
Nous nous ferons traiter de *repus* et de *muffes*!
Car nous allons manger des huîtres et des truffes...

ENVOI

Ô princesse qui trône au restaurant Sylvain,
Toi qui sais commander le dîner et le vin
À ces maîtres d'hôtels aux figures de pitres,
Viens; nous allons manger des truffes et des huîtres...

(*Le Courrier français*, 6 octobre 1895)

LA VAINE RECHERCHE

À J. Roques.

Hercule embrasse Hébé, sa charmante compagne,
Tel un chasseur avant de se mettre en campagne
Qui prépare en sa tête une infidélité.
Le héros, à venir sur terre est décidé;
Car ce n'est pas très gai, le sommet de l'Olympe,
Et le spleen quelquefois en ces régions grimpe;
Il sent rouiller sa force en ce limpide éther
Et s'ennuie à côté de papa Jupiter!

Il se rappelle aussi, dans une gaîté douce,
Un travail qui n'est pas compris parmi les douze :

Ce très vaillant exploit qui n'est pas défini
Dans la mythologie *ad usum delphini*;
Quand dans le temple saint, sous la divine crypte,
Il a… vous savez bien… les cent vierges d'Égypte…
Ce haut fait lui laissant des souvenirs très doux,
Il se dit : « C'est cela, recommençons le coup,
Et puisque de nouveau sur la terre j'émerge,
Je m'en vais derechef me payer de la vierge ! »

Hercule descendit au beau pays français,
Où *fleurit* Fézensac et *végète* Sarcey.

Il visita Paris, boulevards, squares, rues,
Théâtres, bals, concerts, expositions, cohues,
Il chercha, mais en vain, dans le quartier Monceau,
Du boulevard Michel jusqu'à la rue Haxo,
Au bal de l'Élysée, au bal du Moulin-Rouge,
Rien dans aucun salon et rien dans aucun bouge ;
Le héros dut, de ses projets, faire son deuil,
Il ne trouva pas plus de vierge qu'en mon œil :

Car habillée en soie, en drap ou bien en serge,
Il n'avait rencontré que de la *demi-vierge*…

(*Le Courrier français*, 20 octobre 1895)

VERS POUR LE MIRLITON D'UNE PATINEUSE

Par la glace, comme un esclave
Norvégien, danois ou slave,

Ou suédois, quand je vous suis,
Tremblant, plein d'émotion, je suis

Dans la position difficile
Du char de l'État qui vacille

Et *patine* sur un volcan,
À ce que Prudhomme prétend.

Voyez la glace est claire et nette,
Comme celle d'une toilette :

Sous elle, avec leurs gros yeux verts,
Si les poissons voient à travers,

Quand vous patinez, idéale,
En la fourrure boréale,

Vos dessous, vos secrets appas,
Les poissons ne s'embêtent pas !

Mais moi, qui près de vous patine,
Je ne vois, sous la palatine,

Rien que le bout de votre nez,
Et vos yeux émerillonnés.

Soyez aussi bonne que belle
Et ne vous montrez pas rebelle !

Comme vos patins effilés,
N'ayez pas les *pieds nickelés* !

(*Le Courrier français*, 24 novembre 1895)

IMPRESSION D'HIVER

L'hiver s'avance et Paris
N'a pas encor vu la neige,
Mais toujours un lourd ciel gris,
Que parfois la pluie allège ;

Et des brouillards hypocondres,
Pour les débiteurs commodes,

Qui nous arrivent de Londres,
Comme les spleens et les modes.

Phœbus sur nous ne brandit
Que rares rayons étiques ;
Pour chauffer nobles sciatiques,
Il reste dans le Midi.

Alors que la neige tombe,
Neige, des cœurs purs l'amante,
Tourne en magistrale trombe,
En formidable tourmente !

Neige, confetti pratique
Pour les gamins, quand les soirs,
Ils sortent de la Laïque
Ou de chez les Frères noirs.

De tes fleurs liliacées,
Neige, pourquoi tu ne pares
Les Parisiennes chaussées,
Et les pelouses des squares ?

La neige a son amour-propre :
Paris, vil et pestilent,
Ne mérite rien de propre,
Ne mérite rien de blanc.

On la voit dans les montagnes
Et dans les plaines lointaines,
Dans les villes puritaines.
On la voit dans les campagnes,

Recouvrant tout d'un manteau,
Dont la blancheur est tant pure
Au chaume de la masure
Qu'à l'ardoise du château.

Dans les villes, elle entoise
De ses blancheurs sépulcrales,
Les toits de tuile bourgeoise,
Les clochers des cathédrales.

Si la neige est maintenant
Provinciale ou rustique,
Et sur Paris s'abstenant,
La neige est donc identique

À ces honnêtes coutumes,
Ces préjugés qu'on évince,
À ces démodés costumes
Qu'on ne voit plus qu'en province !

(*Le Courrier français*, 1er mars 1896)

LETTRE AU DIRECTEUR DU *COURRIER FRANÇAIS*

Mon cher Directeur,

Des notes biographiques ? — Comme Girafier des *Deux Aveugles*, je suis né de parents auvergnats, mais honnêtes.

Et cela en 1874, — un 13.

Je n'ai donc que vingt-deux ans. À cet âge les Napoléons de la littérature ne sont pas encore nés ; aussi dans l'armée des lettres ne suis-je qu'un simple tourlourou de deuxième classe.

« Ils achètent un journal comme nous achetons un régiment », constate, dans *les Effrontés*, le marquis d'Auberive. Dans le régiment que, père de vos hommes et pas pète-sec du tout, vous commandez, je me suis engagé et je suis parti, le sac rempli de plans nombreux et divers ; et, dans ma *musette* en sautoir, j'ai, en provision, des vers mélancoliques ou fantaisistes pour chanter pendant la route ou pour séduire la cantinière.

Comment j'ai connu le Courrier, *ce que je pense de lui ?*

Ce fut Xanrof, souvenez-vous, qui me délivra une feuille de route et de bons certificats, sur la bonne foi desquels, ma bonne mine aidant, vous m'avez admis à vos côtés. Je suis très heureux de marcher dans les colonnes où défila un état-major composé de Raoul Ponchon, Jean Lorrain, Xanrof, J.-H. Rosny, Emmanuel Signoret, revêtus d'uniformes différents, mais magnifiques tous.

Vous me demandez aussi des opinions sur les aînés, sur les chefs, des préférences même, je crois ; diable, c'est très grave !

N'importe ; je vous dirai que, pour moi, le prince de nos Tyrtées modernes se nomme Laurent Tailhade ; que je prise fort Courteline, psychologue expert et truchement du rire ironique, parfois douloureux, des chambrées, et que celui dont j'entends le plus volontiers la *théorie* est Léon Tolstoï... Celui-là, me dit-on, est Russe... Mais, bah ! depuis Cronstadt !...

Mes ambitions ?

Eh bien, j'espère avoir bientôt mon galon de premier soldat, puis passer caporal, puis obtenir la médaille militaire qui pour nous est violette ; tant mieux, je préfère le violet au jaune ; et ensuite :

En avant, Fanfan la Tulipe,
Oui, mille noms d'une pipe, en avant !

Mais hélas ! vous le savez, il y a dans l'armée bien des passe-droits et bien des déboires ! Il est triste de rester trop longtemps sous-off, ce qui est un vilain métier, à ce qu'assure M. Descaves, bon réserviste. Puisque j'avais tout à l'heure l'entrain de Fanfan la Tulipe, laissez-moi vous fredonner cette autre vieille chanson, plus décevante :

Il deviendra général,
Boum, badaboum,
Il deviendra général,
— Ou caporal !...

Enfin les veilles, les campagnes, les combats ne m'effraient point. Mais j'entends le clairon qui m'appelle à l'exercice ; je porte ma main droite ouverte à la visière de mon képi et je fais demi-tour...

Votre dévoué,

HENRY LEVET.

(*Le Courrier français*, 12 avril 1896)

SNOBISME ET STRABISME

Fantaisies pour Lord Douglas

BALLADE LIBRE DE RIME COMME DE RAISON

Et leur Muse est le plus souvent quadragénaire
Mais plate, cachant son front plat sous le bandeau
De nos Pétrarques froids la froide Laure hymnaire,
Du vieux *Botticelli* semble être un vieux tableau ;
Et la faveur alanguie et soporifère,
Par l'usage de la morphine et de l'opium,
De la Sappho bas-bleu mais non pas mammifère,
Ecce panis esthetorum !

C'est pourquoi l'on voit plus d'un moderne trouvère
Lequel, aux filles même encore vierges de Loth,
Ainsi que l'habitant de Sodome, préfère
Le blanc enfant de chœur et mignon angelot ;
Cette tradition très biblique qu'infère
Virgile dans les champs bénis du Latium,
Et le balzacien *Lorrain* dans notre sphère ;
Ecce panis esthetorum !

Cependant que l'un à l'autre thuriférère,
Balançant l'encensoir à tire-larigot,
La plupart, c'est heureux, n'est que peu prolifère ;
Il en est quelques-uns qui ne feraient leur blot
Si de grands manitous, des maîtres qu'on révère,
Chez eux ne les prenaient comme leur *famulum* :
La pièce de dix sols qui devient aurifère ;
Ecce panis esthetorum !

ENVOI

Milor, de rédiger revue avant-courrière,
Branle-bas d'avant-garde *ad delphini usum*,
Et de faire marcher la machine en arrière ;
Ecce panis esthetorum !

CHANSON

(AIR : L'accent anglais.)

Si le grave et sage constable
Fit du poète un galérien,
Ce n'est pas pour être coupable,
D'autres le sont, il le sait bien ;
Mais il faut un bouc émissaire,
Sur qui s'acharne tout soupçon : —
Laissez les enfants au *Lord-Maire*,
Et laissez Oscar en prison !...

Qu'on célèbre ce culte tendre
Qu'approuvaient les fils de Sion,
Mais l'imbécile se fait prendre
Et compromet la nation !
Il faut un châtiment sévère ;
Brigadier, vous avez raison ! —
Laissez les enfants au *Lord-Maire*,
Et laissez Oscar en prison !...

Dans ce beau pays d'outre-Manche
— Et, du reste, ailleurs c'est *kif-kif*, —
Ceux qui sont du côté du manche,
Qui savent mener leur esquif,
Et dont l'apparence est austère
N'ont pas affaire à Brid'oison : —
Laissez les enfants au *Lord-Maire*,
Et laissez Oscar en prison !...

Pourquoi se montrer si terrible,
Puisque : « *Pueros sinite*
Ad me venire », dit la Bible ?
Ô puritain buveur de thé,
À l'extérieur exemplaire,

Qui vous soûlez à la maison :
Laissez les enfants au *Lord-Maire*,
Et laissez Oscar en prison !...[1]

(*Le Courrier français*, 21 juin 1896)

1. Dans cette version corrigée de la « Ballade en Old England » parue huit mois plus tôt, Levet n'a pas retenu l'

ENVOI

Ô juges de Bow-Street, d'Hudson,
Et de toutes les Angleterres, —
Laissez les enfants aux Lords-Maires,
Et laissez Oscar en prison.

VALERY LARBAUD :
RÉCIT DE LA MORT DE LEVET

Sous le titre « Récit de la mort d'Henry Levet, par sa mère », G. Jean-Aubry a laissé une copie dactylographiée du récit de la visite que Léon-Paul Fargue et Valery Larbaud firent aux parents de Henry J.-M. Levet, à Montbrison, le 2 mars 1911.

Il est précédé de cette note manuscrite de G. Jean-Aubry : « Inédit : en mai 1946, Valery Larbaud nous a communiqué quatre feuilles arrachées d'un grand registre et portant, de sa main, le texte suivant, qui peut, à certains égards, compléter le Dialogue imprimé. »

Ceci est tiré du *Journal de Quasie,* sous la date du 2 mars 1911 (Saint-Étienne, Hôtel de France, place Dorian). J'ai mis en note : « Le Récit détaillé de cette visite a été réservé pour une biographie future de Henri J.-M. Levet. Il y aurait indiscrétion à la publier maintenant. » J'ajouterai que je ne veux pas prendre sur moi de la publier, tôt ou tard. Si un jour quelqu'un s'attelle à la biographie de Levet, il pourra trouver ce récit ici. J'ai détruit le manuscrit du *Journal de Quasie,* et détruirai aussi cette partie secrète dès que je l'aurai recopiée ici.

Grande habitation un peu bourgeoise et un peu campagnarde, avec double porte au vestibule : la porte d'entrée, et une porte intérieure, vitrée, avec des losanges de couleurs. M. Levet est fatigué. Tandis qu'on lui porte nos cartes, au premier étage, nous attendons au bas de l'escalier. Par la porte vitrée qui donne sur le jardin, nous regardons le mouvement d'une petite cascade blanche sur les rochers d'une grotte artificielle (mais nous n'entendons aucun bruit). On nous reçoit et nous montons un escalier aux marches nues.

M. et Mme Levet sont dans une petite chambre que la cheminée, deux corps de bibliothèque, un guéridon et une petite commode, rendent presque étroite. Ce qu'on voit des murs est encombré de cadres. Au milieu de la pièce, petit bureau ministre couvert de papiers en désordre. Quatre fauteuils font la haie devant la cheminée. Le plancher n'est pas ciré. Des deux fenêtres, celle qui est le plus près de la cheminée a ses volets fermés. M. Levet, enveloppé de vêtements sombres, d'une espèce de pardessus jeté sur ses épaules, lui tourne le dos. L'autre fenêtre laisse voir un coin de prairie verte sous un air un peu ensoleillé (on ne sait pas si c'est un coin de jardin au-dessus de la petite cascade qu'on voyait d'en-bas, ou bien déjà la pleine campagne).

Fargue est entré sans rien dire. Mme Levet, qui ne l'avait pas vu depuis la mort de son fils (exactement : depuis la veille du dernier départ pour le Midi, novembre 1906 ; ils avaient dîné tous ensemble au restaurant Garnier ; Henri Levet habitait à l'hôtel du Printemps, rue du Havre), — Mme Levet lui a pris la main en sanglotant, — mais s'est remise aussitôt. Fargue m'a présenté à M. Levet, puis à Mme Levet, qui m'a demandé si j'avais connu son fils. F. a répondu que non, mais que j'étais grand admirateur des ouvrages d'Henry. Nous nous sommes assis dans les deux fauteuils vides.

M. Levet a fort peu parlé. Il souffre d'une maladie de cœur « à laquelle le médecin de la famille ne comprend rien ». Il n'avait pas dormi de la nuit. Il était là, enfoncé dans son fauteuil, le visage mou et les yeux tristes, respirant mal. En pleine lutte contre la maladie et s'interdisant toute émotion. On aurait pu s'égorger devant lui qu'il n'aurait pas bronché. J'étais gêné d'être devant lui. Lui aussi peut-être, d'être vu dans cet état par un étranger. Il ne m'a pas parlé de ma lettre, et je n'en ai rien dit. F. est persuadé qu'il ne l'a pas reçue.

Mme Levet a demandé des nouvelles de tous les amis que son fils avait à Paris. Fabre (très malade en ce moment), Abric, Pierre de Lavernière, Eugène Tardieu. — Elle a reproché doucement à Fargue de n'être pas venu la voir depuis l'événement, et a dit aussi qu'elle avait été déçue en ne voyant pas venir Francis Jourdain. Mais il y avait des malentendus… D'abord, ni Fargue ni Fr. Jourdain n'avaient su que les Levet avaient passé deux ans encore à Paris après 1906. De plus, les Levet ne leur ayant pas même écrit pour leur apprendre la mort d'Henry, ils avaient cru que, pour toutes sortes de raisons, les

Levet désiraient ne plus les voir. F. a expliqué un peu les choses, mais par allusions et de loin. Il était impossible de tout dire.

Pour nous (Fargue et moi), nous aurions dû bien poser que nous étions venus à Montbrison exprès pour voir la famille d'Henri Levet. Nous avions un peu l'air d'être entrés en passant. Mais, ma lettre de 1908 étant restée sans réponse, nous n'avions pas osé nous annoncer, la veille, par un mot ou un billet que le domestique de l'hôtel aurait porté au boulevard Chavassieu ; nous avions peur de n'être pas reçus. Dès qu'il a été question de la réunion et de la publication des ouvrages d'Henry Levet, nous avons été rassurés. M. Levet nous a donné l'autorisation que je désirais depuis si longtemps. Il ne voit même aucune objection à la publication d'un choix de Lettres. Tous les papiers, qu'il possède, de son fils, sont restés dans leur appartement de Paris, mais il peut les faire venir. Il nous montre alors les quelques souvenirs qu'il a dans cette chambre où nous sommes : deux photographies de Henry Levet en uniforme de Consul de France : une de face et tête nue ; l'autre de profil et coiffé du bicorne à plumes. Elles ont un air officiel. Fargue me dit ensuite qu'elles ne gardent rien de la personnalité de Levet, je le crois bien. Encore : un mauvais fusain fait par un « artiste-express », en 20 minutes, devant le Grand Café de Montbrison. La personnalité du dessinateur y est plus marquée que celle du modèle : l'homme du peuple qui sait manier le crayon ; romantisme de province. Levet y est en chapeau haut-de-forme (comme le Laforgue de Skarbina). Fargue ne trouve pas le portrait ressemblant.

Autres souvenirs (ce fut peut-être la chambre ou le cabinet de travail de H. Levet pendant ses séjours à Montbrison) : des photographies de rajahs données à Levet pendant son voyage dans l'Inde ; elles sont dédicacées (en anglais). Celle de l'ancien rajah de Kapurthala est très remarquable. — Une photographie du buste d'Arthur Rimbaud, faite par Levet lui-même. — Une photographie, dédicacée, de Léandre, le dessinateur, qui fut un des amis de Levet. — C'est tout ce que nous a fait voir M. Levet.

Mais il y a des jouets exotiques sur les guéridons et aux poignées des portes vitrées de la bibliothèque. Piqué dans un vase qui est sur la commode, il y a un petit drapeau de la République de Saint-Domingue en soie, très vieux et très fané (peut-être acheté au Paradis des Enfants, rue de Rivoli où j'achetais les miens). Sur tous les objets qui nous entouraient ou que M. Levet nous montrait, il y avait une épaisse couche de poussière blonde, feutrée.

Mme Levet nous a raconté la mort de son fils, les derniers instants, à Menton, « dans une villa à perron qui donnait sur le boulevard du Midi », le 14 décembre (1906).

Il s'était levé, comme d'habitude, pour déjeuner avec sa mère. Il était très faible, mais assez gai. Il a mangé une aile de faisan (midi et demie). Vers deux heures le médecin est venu faire une piqûre de cacodylate, comme d'habitude. Il savait que c'était la fin, mais il ne dit rien à Mme L. Il se contenta de dire à Henry L. : « Mettez-vous au lit, la piqûre vous fera plus de bien que si vous restiez debout : vous l'absorberez mieux. » Il aurait voulu se relever pour dîner avec sa mère, mais le médecin s'y opposa. L. dit à sa mère : « Vous me donnerez la becquée, maman », comme il disait quand il se sentait trop faible pour rester assis.

Vers sept heures il mangea de bon appétit deux petites côtelettes d'agneau. Puis il désira dormir : « Maman, surtout, ne vous éloignez pas. » Sa mère resta près du lit. Vers neuf heures il dit qu'il avait très froid. On lui mit une bouillotte chaude sur le ventre. Sa mère s'aperçut alors que les pieds et le bas des jambes étaient violacés. Elle fit venir le médecin. Le médecin vint, s'assit au chevet et tint le pouls du malade. La mère était debout à côté, soutenant la tête de L., qui parut s'endormir sur son épaule. Insensiblement la tête glissait. Tout à coup, il ouvrit les yeux, les fixa sur sa mère et cria très haut : « Maman ! » Mme L., voyant qu'il n'ajoutait rien, lui dit : « Eh bien, quoi ? Parle, dis ce que tu veux. » Pas de réponse. Les yeux grands ouverts étaient toujours fixés sur la mère. Au bout d'un moment le médecin dit : « C'est fini, fermez-lui les yeux. »

« Je n'ai pas pu les lui fermer, dit Mme L. Je les ai embrassés. J'aimais mieux qu'ils restent ouverts. J'ai pu le garder plus longtemps qu'on ne les garde d'habitude à Menton… La veille, un jardinier m'avait dit : "vous voyez là-bas ce nuage sur la Corse ; c'est le sirocco ; il sera sur nous cette nuit, et toutes mes roses seront brûlées." Le lendemain, le sirocco avait passé ; les roses étaient toujours fraîches mais le mien n'était plus là… »

Un peu après, Mme L. a dit : « Ma vie est finie. Ce sont de ces douleurs qui s'enfoncent dans le cœur comme un tire-bouchon, en déchirant toujours plus profondément. » M. Levet baissait la tête entre ses épaules courbées. (Le jour calme et blanc dans la chambre : la lumière rouge du feu.)

Comme nous descendions, Mme Levet, qui nous a accompagnés jusqu'à la porte, nous a dit que son mari était très fatigué ; elle a fait comprendre que ce serait bientôt fini. Mme L. m'a permis de lui écrire au sujet de l'édition des Œuvres. Elle n'a presque rien lu de son fils. À deux reprises, M. Levet a dit : « Il ne nous donnait jamais ce qu'il publiait. » Il a indiqué *Le Courrier français* comme une des publications auxquelles son fils avait donné ses premiers ouvrages.

Remarques. — Notre visite à la famille Levet a duré moins d'une demi-heure. Nous étions arrivés la veille (1er mars) à Montbrison, Fargue et moi. Descendus au Lion d'Or, quai des Eaux Minérales, le long du Vizézy. Nous avions porté des pots de fleurs sur la tombe de Henry Levet ; visité la ville ; vu la maison des Levet. Le 2 mars, après la visite, nous sommes allés déjeuner à Saint-Étienne, que nous avons visitée en détail ; et le récit de la visite a été écrit le soir même (2 mars) à l'hôtel, en rentrant du théâtre. — J'ai oublié ceci : que, au début de son séjour à Menton, Levet avait refusé de se laisser photographier par un de ces photographes ambulants des villes d'hiver, il avait dit : « *Quand j'irai mieux.* » Il faut noter aussi la ressemblance de Henry Levet avec sa mère. Sa mère, c'est presque certainement le fond de son caractère, c'est-à-dire tout lui, sauf le génie poétique. Une sensibilité extrêmement vive, mais contenue par une espèce de hauteur franche, une hauteur intérieure et naturelle (extérieurement, la plus grande simplicité). Fargue m'avait donné une photographie manquée, sur laquelle deux vues différentes se mêlaient. Levet debout au bord d'un trottoir, à Paris ; et Levet assis sur le plancher de la chambre de sa mère, la tête appuyée sur l'épaule de sa mère assise, et la regardant (la position dans laquelle il est mort). J'avais noté la ressemblance de la mère et du fils.

À la fin de notre excursion, c'est-à-dire le 3 ou le 4 mars, en arrivant à Vichy, nous avons trouvé une lettre de M. Levet nous priant de ne pas nous occuper de publier les ouvrages de son fils ; que ses amis l'appréciaient assez, qu'il n'était pas besoin de réunir ses poésies, etc., etc. Il est difficile de savoir ce que le père et la mère s'étaient imaginé, et sur ma démarche et sur mes intentions. La lettre était adressée à Fargue ; pas un mot pour moi. Je suppose que M. Levet avait eu l'intention de refuser et l'autorisation de publier et la communication des lettres et papiers, dès que nous lui en avions parlé, mais pour s'éviter la fatigue d'une discussion, pour défendre son cœur malade, il avait dit oui à tout. Il mourut huit ou dix mois plus tard. — Bien d'autres choses pourraient être dites, mais il y aurait indiscrétion.

(*Cahiers des Amis de Valery Larbaud*, n° 12, mai 1974)

HENRY J.-M. LEVET
PAR CEUX QUI L'ONT CONNU

Il y avait, chez Levet, du Jean de Tinan, qui naquit la même année que lui et mourut en 1898, et du Paul-Jean Toulet. Tout porte à croire qu'ils se croisèrent au « Calisaya », ou dans quelque bar anglais, où l'on servait « des liqueurs des Îles bleu-lumière et des cocktails roses », comme l'écrit Fargue. Le portrait que celui-ci trace de Levet (« Dans un des bars où nous nous réunissions — Calisaya ou Criterion, — sous les petits fanions claquant au souffle des ventilateurs, assis sur son haut tabouret et tenant d'une main maigre, aux ongles recourbés comme des becs d'oiseau, la rambarde bien cirée et nickelée du comptoir, Levet pensait aux transatlantiques ; cigarettes aromatisées — je lui avais fait fumer des Old Judge*... »), comme il ressemble à celui que Léon Daudet a laissé de Toulet : « On l'apercevait chez Weber, mince et moqueur, penché sur un verre de* whisky and soda, *avec un étincelant œil de biais, observant l'existence, tripotant sa barbiche et crispant ses mains fines, comme s'il allait s'étirer. Nous l'aimions pour son horreur de la foule, des préjugés démocratiques, de la médiocrité diffuse et des gens importants... »*

Sonnet à la gloire de M. Jean-Marie Levey, poète cultique

APÉRITIF EXOTIQUE

Dans un bar, ascendant ses ennuis polychromes,
Le Poète attendait, pâle et morne, parmi

Les cocktails bus, devant des mains fraîches d'amis,
Quelque retour d'une Inde aux fastueux arômes.

D'un pavillon d'Hokusaï fut-ce le dôme,
Dracénah des jardins de Bagdad clair semis
D'inviolés pollens dont ce brahme gémit :
Que du Siam revienne à moi l'albe royaume!

Éléphants, baobabs, lotus, Bombay, garance,
Je vous évoque avec l'âme de Thomas Lance,
Sur ces marbres de bar et sous ce bec Auër!...

Ainsi déversa-t-il son rêve de tristesse.
Mais il ne vit, déçu, qu'un certain La Jeunesse
Grimaçant laidement auprès du gros Bauër.

(Anonyme, *La Vie*, mai 1900)

HECTOR DE LA BRETONNE RÉTIVE

Évoquant, dans un article intitulé « Paris qui passe » (Le Pays comtois, *Besançon, 25 juin 1901), « le bar Calisaya, aux heures bleues d'exotiques apéritifs », Hector de La Bretonne Rétive, pseudonyme d'Hector Fleischmann (1883-1914), publiait la « Bibliothèque des Curieux », série d'ouvrages spécialisés dans l'histoire des amours célèbres. Il collaborait à* L'Œuvre d'Art international, *revue d'avant-garde à tendance anarchisante, fondée en 1901 par Francesco Zeppa.*

M. J. M. Levey, auteur Cultique, gilets bleus et cravates jaunes, parle : « Or ascendant de mes ennuis fort polychromes je suis dégustateur de très mortels poisons de Java bus de tels soirs en les pavillons au sifflet des trains vers Bénarès avec aux valises de somptueux arômes et de subtils parfums d'ylang-ylang chers aux narines claires de Barrès. Où, or dire à noter des sensations en moi : *Jiam a little copy-book*, tel dit Retté Swan en d'autres feuilles que la *Revue Anonyme* »...

MARCEL RAY

Marcel Ray (1878-1951), ami de Charles-Louis Philippe, fit de nombreux séjours en Allemagne en vue d'une thèse sur Jacob Boehme, avant d'entrer dans la Carrière. Il occupa de nombreux postes diplomatiques et, à la Libération, fut nommé Inspecteur général des Affaires culturelles. Il initia Valery Larbaud à la poésie moderne. Leur correspondance s'étend de 1899 à 1937, et fut réunie en trois volumes par Françoise Lioure (Gallimard, 1979-1980). Valery Larbaud lui rendit une dernière visite, en 1935, à Tirana, où il était ministre plénipotentiaire de France.

Marcel Ray avait passé, à plusieurs reprises, une quinzaine de jours à Montbrison, chez un camarade de lycée. De Montpellier, il écrit à Valery Larbaud, le 6 mars 1911, quelques jours après la visite de Larbaud et de Fargue aux parents de Levet :

Comme je jouais très mal au tennis et n'avais pas l'âge de courtiser les demoiselles, je me promenais, de long en large, avec Henri Levet et, sous une pluie de balles, nous enjambions les ombres des arbres avec le courage tranquille des vieux soldats. Il avait, sous un feutre noir cabossé, les cheveux teints en blond verdâtre, formant une couronne bien lisse et non bouclée autour de sa face glabre, qu'une cravate vert-empire faisait paraître encore plus blême. La raquette qu'il tenait sous le bras n'était pas plus sèche que ses bras et ses jambes, serrés dans un complet anglais à larges carreaux. Ses pantalons haut retroussés découvraient des chaussettes du même vert-empire que la cravate, dans des souliers bas couleur jaune d'œuf. Mais les dames de Montbrison, qui le voyaient tous les jours, ne le trouvaient pas plus étrange qu'une gargouille de cathédrale, et lui disaient bonjour sans émoi, même quand il avait pris soin de faire passer ses cheveux du vert au bleu pâle, et d'assortir chaussettes et cravate à cette nuance nouvelle. Je crois qu'il en éprouvait un secret dépit. J'allais souvent le voir dans sa chambre, qui était tendue d'andrinople rouge. Des serpents japonais passablement imités traînaient sur le tapis, et du ciel de lit pendait au bout d'un fil une araignée grosse comme une tête d'enfant. Il me lisait d'une voix sans timbre des sonnets impénétrables, et je m'exerçais vainement à en composer de plus obscurs que les siens [...]. Henri Levet était un véritable artiste. Sa chambre rouge était pleine d'images volantes, comme une cage d'oiseaux des îles. Plus tard, à Paris, je ne l'ai revu que deux ou trois fois. Son costume avait terni, mais il avait des yeux éclatants et des mains délicates qu'il regardait en parlant. Je suis heureux que son père, dont l'âme un peu grossière était plutôt froissée d'avoir un tel fils, vous ait bien accueilli. Peut-être n'est-il pas insensible, quoique député, à la poésie déchirante des dernières *Cartes Postales.* Je le souhaitais mais n'osais le croire. Grâce à vous, les meilleurs poèmes de Levet vont cesser d'être inaccessibles et prendront dans la littérature la place qui leur revient. Avez-vous trouvé à Montbrison des manuscrits ou des fragments inédits ?

(Valery Larbaud-Marcel Ray, *Correspondance 1899-1937,*
introduction et notes de Françoise Lioure,
Paris, Gallimard, t. II, 1980)

FRANCIS JOURDAIN

Parfois aussi, nous retrouvions dans quelque illustré la silhouette de l'un de nous, croqué par le bon Steinlen. Celle d'Alfred Müller, par exemple, ou celle moins traditionnellement montmartroise, mais aussi pittoresque et plus inattendue d'Henry J.-M. Levey.

Dans une sorte de conférence dialoguée écrite avec Larbaud, Fargue a dit notre amitié pour Levey. Il est difficile de tracer de celui-ci un portrait ressemblant. À donner trop d'importance à ses bizarreries volontaires et aux efforts qu'il faisait pour scandaliser, on risque de le montrer comme le plus odieux des snobs. Alors qu'affectueux et généreux, il était beaucoup moins compliqué qu'on ne le croyait, et au fond, pas prétentieux du tout.

Un peu égoïste, il tenait à le paraître monstrueusement. Un peu taquin, il tenait à passer pour insupportable. Très peu sensuel, en fait quasi chaste, il faisait étalage de vices qu'il n'a jamais tenté d'approcher. Il promenait dans tout Montmartre le très bel enfant d'un concierge, un petit gars un peu efféminé dont de magnifiques boucles couvraient les épaules, et dont tous les pédérastes du quartier disaient raffoler. Quand Levey décidait Bougrelas — tel était le surnom du gosse — à monter chez lui une heure ou deux, c'était pour l'installer devant un Jules Verne et un gros sac de bonbons. Le môme dévorait le tout et retournait à la loge maternelle avec une pièce dans sa main aux ongles noirs, un peu écœuré, mais uniquement de cette orgie de sucres d'orge. L'honnête Levey se faisait insulter par les honnêtes commères du voisinage. Il était ravi et avait moins peur qu'il ne le disait des coups de manche à balai. Je lui disais : « Décidément, mon vieux, tu t'embourgeoises... La pédérastie, ça devient bien banal. Tu ne pourrais pas trouver autre chose ? Pourquoi, par exemple, ne lancerais-tu pas la mode de l'anthropophagie ? Essaye donc de faire croire que tu es anthropophage... — J'y songerai », répondait Levey un peu agacé de ma mauvaise volonté, mais incapable de me garder rancune.

Il martyrisait sa pipelette, entrait dans la loge en poussant des hurlements qui « retournaient les sangs » de la malheureuse. Il vidait sur la toile cirée l'assiette de haricots fumants. La brave femme le maudissait, mais recevait à tout propos des pourboires si inattendus et si élevés qu'elle tenait beaucoup à son tortionnaire-bienfaiteur, le prenant seulement pour un fou. Il avait fait doubler de métal les semelles de ses souliers pour que soit plus sonore sa descente en tourbillon, des étages. Chez moi, il faillit un soir flanquer très calmement par la fenêtre une lampe à pétrole allumée. Ses gamineries étaient d'autant plus horripilantes qu'elles étaient systématiques, sans vraie spontanéité. Elles ressortissaient au cynisme de Jarry et de son Ubu, dont l'esprit cruel a influencé l'humour de toute ma génération. De la place Clichy au boulevard Barbès, les accoutrements de Levey étaient légendaires. Sur des jaquettes d'une coupe très spéciale, il avait fait coudre des boutons du diamètre d'une soucoupe. Son haut-de-forme, genre *demi-solde*, largement évasé, avec de grands bords roulés en volutes, était posé sur les baguettes de ses cheveux *aux enfants d'Édouard.* (Il y eut aussi une certaine casquette sur laquelle tous détails seront connus lorsque sera retrouvée et publiée l'inachevée *Rue Lepic* de Fargue.) Je conseillais à Levey d'affermer, pour la publicité, les revers de son faux-col ; ils étaient d'une dimension qui faisait rêver les colleurs d'affiches.

Levey était tout à la fois squelettique et désossé ; son nez en bandoulière, son menton en galoche, tout son visage de Punch creusé par les grimaces étaient en caoutchouc. Ses traits eussent été d'une marionnette, s'ils n'avaient été d'une mobilité qui décourageait ses portraitistes et les caricaturistes eux-mêmes. « Le bougre tient assez convenablement la pose, mais on jurerait qu'il fait exprès de changer de physionomie toutes les trente secondes. » Il le faisait exprès en effet.

Venu quand on ne l'attendait plus, cet enfant unique de braves Montbrisonais avait été élevé dans l'aisance ; il avait toujours été, et il restait très gâté par ses parents fort surpris des excentricités de leur fils. « Un original comme tous les artistes », disaient-ils avec bienveillance et résignation. Aimablement accueillis par eux, Fargue et moi pûmes nous rendre compte que notre ami leur témoignait beaucoup plus de respect et d'affectueuse attention qu'il ne le prétendait. Car, bien entendu, il n'eût pas été fâché d'être pris pour un ingrat, pour un sans-cœur. À l'entendre, il n'allait dîner chez ses parents que pour leur faire des scènes qu'il terminait — avec gestes éloquemment précis — sur cet avertissement : « Ceci tuera cela. » Cela, c'était les pauvres vieux, et ceci c'était l'exigeant poète qu'ils avaient procréé. Pure forfanterie. Ayant donné une idée de la perpétuelle affectation d'Henri Jean Marie Levet, dit Henry J.-M. Levey, comment expliquer maintenant notre affection pour lui, notre certitude que loin d'être un mufle, un sot et un poseur, il était un ami dévoué, un homme intelligent, un brave type empoisonné de littérature mais cordial, simple (mais oui, simple, c'est invraisemblable mais c'est comme cela), capricieux mais nullement vaniteux, en dépit des efforts destinés à faire croire le contraire, au fond assez naïf et beaucoup plus cultivé qu'imaginatif. Il aimait la littérature. Il l'aimait trop. Je veux dire qu'il y voyait surtout une mosaïque de mots assemblés avec ingéniosité. À la volonté d'expression d'un sentiment profond, il préférait la réussite d'une fantaisie désintéressée.

Il admirait beaucoup Rimbaud. Percevait-il le tourment de Rimbaud ? Il comprenait bien mieux Laforgue. Il pouvait réciter à peu près toute l'œuvre de l'un et de l'autre. Et de bien d'autres, Racine et Ponchon, Eugène Manuel et Stéphane Mallarmé, Déroulède et Ronsard, car il se rappelait tous les vers qu'il avait lus, leur splendeur, leur ridicule ou leur insignifiance.

Il était content que restassent indéchiffrables les rébus de sa première plaquette *Le Pavillon ou la Saison de Thomas W. Lance.* Il voulut voyager. Il obtint, grâce à son père — depuis des décades, député silencieux de la Loire — la mission officielle et gratuite d'aller étudier les origines hindoues de l'art khmer. Il savait à peine ce que cela pouvait bien signifier et donna 400 francs à André Ibels pour bâcler, à la Bibliothèque Nationale, le rapport d'usage que personne, à la direction des Beaux-Arts, n'eut jamais la moindre curiosité de parcourir. Levey se fichait, comme un Hippocampe d'une brosse à dents, de l'art khmer et de ses origines. Les fakirs, les éléphants sacrés, les bains dans le Gange, les mystères de l'Inde millénaire le laissaient froid. Ce qu'il voulait voir aux Indes, ce n'était pas la féerie du passé, c'était le mécanisme du présent, l'Européen promenant dans cette féerie son smoking et son spleen, l'Anglais soucieux de son confort et de ses bank-notes, un Philéas Fogg sans aventures ni naufrages, devenu marchand de laine indifférent à toute magie, profanateur inconscient, et inconscient créateur d'une poésie moderne dont le poète moderne pouvait seul souligner — avec un sourire en coin, bien sûr — la terrible grandeur. Le bar d'un paquebot et l'éclat de ses cuivres bien astiqués paraissaient à l'auteur du *Pavillon* aussi représentatifs de l'aventure d'aujourd'hui que le perroquet de Robinson le restait, de l'aventure d'hier.

Il partit. Il revint, coiffé d'un fez qui allait déchaîner l'hilarité des habitués de *La Vache enragée* et de *La Nouvelle Athènes*; il m'embrassa avec une émotion mal cachée sous la vilaine grimace d'un bon sourire, me donna les images populaires achetées « là-bas » à mon intention, parla à peine de son voyage et me récita du Laforgue.

On dit l'express
Pour Bénarès
La Basilique
Des gens cosmiques.

C'est à son retour des Indes (au fond qu'est-ce que je vais foutre là-bas ? m'avait-il dit en montant dans le train de Marseille, une larme à l'œil, mécontent de lui, mécontent d'être victime de la farce qu'il se jouait à lui-même), c'est à son retour des Indes que Levey composa ses *Cartes Postales* qui, écrites d'une encre achetée du côté de chez Laforgue, semblent adressées à Barnabooth. Elles furent les premières à utiliser la ligne nouvelle que Larbaud crut inaugurer. On comprend quelle surprise causa à celui-ci la découverte de ces vers d'un ton si proche de celui qu'il prêtait à son *Riche amateur*. Levey ne devait jamais connaître Barnabooth qui l'eût ravi. Un jour, chez moi, il aperçut du sang sur le mouchoir que, toussant, il venait de porter à ses lèvres. Il eut très peur, se laissa conduire chez un médecin qui, charitablement, le rassura d'un pieux mensonge. Il se soigna mal, crut cependant prudent de quitter la France, se fit nommer vice-consul à Manille. À chacun de ses séjours à Paris, Fargue et moi, courions le chercher à son hôtel, près de la gare Saint-Lazare. Un soir, je le fis dîner avec Charles-Louis Philippe, devenu mon intime. L'accrochage ne se fit pas. « Il a l'air tout à fait abruti, ton copain », me dit Philippe le lendemain. Levey nous avait, toute la soirée, laissés parler, nous approuvant seulement d'un sourire qui décelait la plus grande gêne. Il avait été très intimidé par le timide Philippe, et il l'admirait trop pour avoir cherché à l'épater par l'une de ses cocasseries auxquelles, d'ailleurs, il avait presque tout à fait renoncé.

Durant ses longues absences, Levey n'écrivait guère qu'à moi et assez rarement. Je le savais cependant revenu depuis peu dans le Midi de la France quand je reçus de Régis Gignoux la coupure d'un journal annonçant « le deuil qui venait de frapper, en la personne de son fils, M. Levet, député de la Loire ». J'appris plus tard de la bouche de Xanrof que ni le pauvre vieux, ni sa femme, n'avaient longtemps survécu à ce fils qu'ils aimaient, qu'ils s'étaient résignés à ne pas comprendre, qu'ils n'ont pas connu.

(*Né en 76*, Paris, Éd. du Pavillon, 1951)

L'ŒUVRE DE HENRY J.-M. LEVET VUE PAR LA CRITIQUE

EUGÈNE TARDIEU

Eugène Tardieu, journaliste et traducteur, entre autres, du Portrait de Dorian Gray *d'Oscar Wilde.*

[À propos du *Pavillon ou la Saison de Thomas W. Lance*] M. Henry J. M. Levey vous commentera avec la même aisance tous les vers de son recueil, tel un disciple de Mallarmé expliquant les plus obscurs poèmes du maître. Notre jeune auteur procède en effet de Mallarmé, d'Arthur Rimbaud, de Jules Laforgue et d'Adoré Floupette ; ses vers sont des vers décadents, de ceux que le profane gâté par la prose de Verlaine déclare incompréhensibles, mais qui réservent à l'initié toutes les joies intimes de la glose personnelle.

Quant à moi, pour être tout à fait sincère, je dois avouer que je n'ai point d'opinion arrêtée sur ce genre de littérature. J'ai seulement trouvé un grand charme et un plaisir tout particulier à lire les 84 vers de mon ami Levey, paradoxal bouquet de fleurs de rhétorique, amusant et ironique assemblage de mots évocateurs, kaléidoscope de sensations délicates, visions aiguës de raffinés. J'y ai lu entre les lignes la chanson d'une âme jeune avide de nouveautés, en révolte contre la tyrannie des choses apprises, pas encore oubliées, horrifiée à l'idée d'être convenue ou banale, et cette aspiration à l'originalité m'a semblé du meilleur augure. N'est-elle pas la précieuse qualité d'une jeune âme de poète encore balbutiante, et qui ne sut se trouver elle-même qu'au contact de la vie, de ses joies et de ses douleurs, sceptique à l'égard de l'enseignement des livres, mais encore trop peu éprouvée pour reconnaître et se formuler…

Lisez, je vous en prie, les 84 vers de mon ami Henry J.M. Levey, lisez-les sans trop chercher à les comprendre — s'ils n'ont du premier coup pris pour vous un sens précis — ils continueront à chanter dans votre mémoire, et ce ne serait point du tout pour elle une dangereuse parure…

(*Lutèce*, 2 mai 1897)

MARIE-LOUISE FALLIÈRES

Marie-Louise Fallières était le pseudonyme d'Eugène Azémar, codirecteur, sous le nom de Robert de Miranda, de L'Effort, *revue fondée en 1895, à Toulouse, par Maurice Magre.*

[…]

Cependant je dois dire pour être juste, qu'à *La Grande France* les poètes eux-mêmes sont dans le train et pincent sans rire des guitares du plus récent modèle. Je suis sûre que vous ne lirez pas sans plaisirs les « Cartes postales » que M. Henry J. M. Levey nous adresse d'un peu partout par les derniers bateaux. Vous ne savez pas ce qu'on faisait à « Biskra » cette saison ?

« Sous les terrasses du Royal défilent les goums
« Qui doivent prendre part à la fantasia :
« Sur son fier cheval qu'agace le bruit des zornas,
« On admire la prestance du caïd de Touggourth…

« Au petit café maure où chantonne le goumbre
« Monsieur Cahen d'Anvers demande un cahouha ;
« R. S. Hitchens cause à la belle Messaouda
« Dont les lèvres ont la saveur du rhât-loukoum…

« Le soleil, des palmiers, coule d'un flot nombreux
« Sur les épaules des phtisiques radieux ;
« La baronne Traurig achète un collier d'ambre ;

« La comtesse de Pienne, née de Mac-Mahon,
« Se promène sur le boulevard Mac-Mahon...
« — Hein ! quel beau temps ! Se croirait-on à fin Décembre ? »

C'est un sonnet !

Mais c'est en vain que j'essaie de choisir les vers les plus troublants de notre poète. Savourez-les donc tous, et que vos délices durent quelques instants de plus ! Voici ce que ce voyageur, chez qui l'absence n'est pas l'oubli, nous envoie de la « Côte d'Azur » :

« L'Écosse s'est voilée de ses brumes classiques,
« Nos plages et nos lacs sont abandonnés ;
« Novembre, tribunal suprême des phtisiques,
« M'exile sur les bords de la Méditerranée...

« J'aurai un fauteuil roulant "plein d'odeurs légères"
« Que poussera lentement un valet bien stylé :
« Un soleil doux vernira mes heures dernières
« Cet hiver, sur la Promenade des Anglais...

« Pendant que Jane, qui est maintenant la compagne
« D'un sain et farouche éleveur de moutons
« Émaille de sa grâce une prairie australe.
« De plus de quarante milles carrés, me dit-on.

« Et quand le sang pâle et froid de mon crépuscule
« Aura terni le flot méditerranéen,
« Là-bas, dans la Nouvelle Galles du Sud,
« L'Aube d'un jour d'été l'éveillera... C'est bien !... »

C'est même très bien ! Mais voici qui est mieux, si l'on songe surtout que pour accomplir un aussi long voyage M. Henry J. M. Levey a dû se lever tous les jours de très grand matin. Il paraît que malgré les œillades des poupées les mieux ficelées du « Sud-Amérique », un consul de France se meurt d'ennui au fond de la « République Argentine » ! Cette grosse nouvelle vous laisse froids ?... Écoutez le chant mélodieux que le rossignol de *La Grande France* modulait sur un arbre de la Plata :

« Ni les attraits des plus aimables Argentines,
« Ni les courses à cheval dans la pampa,
« N'ont le pouvoir de distraire de son spleen
« Le consul général de France à la Plata!

« On raconte tout bas l'histoire du pauvre homme :
« Sa vie fut traversée d'un fatal amour,
« Et il prit la funeste manie de l'opium
« Il occupait alors le poste à Singapoore...

« — Il aime à galoper par nos plaines amères,
« Il jalouse la vie sauvage du gaucho,
« Puis il retourne vers son palais consulaire,
« Et sa tristesse le drape comme un poncho...

« Il ne s'aperçoit pas, je n'en suis que trop sûre,
« Que Lolita Valdez le regarde en souriant,
« Malgré sa tempe qui grisonne, et sa figure
« Ravagée par les fièvres d'Extrême-Orient... »

J'avoue qu'après la lecture de ces « Cartes postales » j'ai ri toute seule comme une petite folle pendant un quart d'heure; puis j'ai songé, non sans mélancolie, qu'après cela il me serait peut-être difficile de trouver du charme à d'autres amusements. [...]

(*L'Effort*, 1er mai 1902)

BENJAMIN CRÉMIEUX

*Benjamin Crémieux (1888-1944), romancier et critique (*L'Esprit européen dans la littérature d'aujourd'hui, *1926), fut un ami d'Italo Svevo et traducteur de Pirandello.*

Henry J.-M. Levet fut vice-consul à Manille et à Las Palmas, après avoir été poète à Paris et chargé de mission dans l'Inde. Il mourut en 1906, à trente-deux ans. Léon-Paul Fargue, qui fut son ami, Valery

Larbaud qui fut son premier et reste son plus fervent admirateur se sont réunis pour assembler, en une mince plaquette, le meilleur de sa production poétique et le présenter dans une conversation-préface où les curieux d'histoire littéraire trouveront beaucoup à glaner.

Cette voix qui vient d'outre-tombe et s'élève d'entre les morts anonymes, avec la couleur de son inquiétude, la forme de son sourire, les apparences les plus légères et les plus subtiles de la vie ne s'écoute pas sans attendrissement. Avec elle, grâce au commentaire plein d'allées et de venues de Fargue et de Larbaud, c'est toute l'époque 1900 qui surgit, et la génération qui avait alors vingt ans semble se refléter toute en Levet. Exposition Universelle, Président Loubet, Universités Populaires, voix enrouées à force d'avoir crié « à bas les Juifs ! » ou « à bas l'armée ! », tout cela débouchant sur une esplanade de lassitude, sillonnée d'automobiles sur pattes d'araignées, à mufle plat, et qu'il n'y avait pas encore moyen de prendre littérairement plus au sérieux que la philosophie solidariste du radicalisme triomphant. Le sport n'avait encore que des vertus bourgeoises. Le désir d'évasion par l'ironie, le paquebot, le dandysme, le noctambulisme, le stendhalisme renaissaient plus forts et plus fantaisistes que jamais. On pense à cette époque de la Régence de Louis XIV où les poètes de cabaret et les rimeurs de mazarinades triomphaient et faisaient rêver Molière, Racine, Boileau, Jean de Tinan, Alfred Jarry, Jean de Mitty, Marcel Schwob, P.-J. Toulet, Félix Fénéon... à travers ces noms, on glisse doucement du symbolisme à la poésie innommée d'aujourd'hui.

[...]

Trois *Cartes Postales* de Levet reproduites par *L'Effort* de Toulouse avaient suffi pour bouleverser et enchanter ainsi Larbaud, intrépide explorateur de la littérature mondiale. Ne nous en étonnons pas. Levet orientait définitivement Larbaud vers ses *Poèmes* et on peut le tenir pour le précurseur de *Barnabooth*, du *Calumet* d'André Salmon, de Paul Morand, de Blaise Cendrars, de Mac Orlan, mais, Larbaud excepté, aucun de ces poètes épris de voyages, d'aventures et d'humour ne l'a connu.

Ce précurseur, il ne l'a été que dans ses *Cartes Postales*. Ses premiers poèmes habiles, mais peu personnels, son *Drame de l'Allée* verlainien n'en laissaient rien prévoir. *Le Pavillon*, tout imprégné de

Mallarmisme, annonçait déjà plus d'originalité. Quant aux *Cartes Postales,* elles nous charment encore, si elles ne nous étonnent plus. [...]

(*La Nouvelle Revue Française,* 1er juillet 1921)

PAUL REBOUX

Paul Reboux (1877-1963), critique littéraire, dramatique, gastronomique est surtout célèbre par ses pastiches, publiés de 1908 à 1913, sous le titre À la manière de, *en collaboration avec Charles Muller.*

Les poèmes [de Levet] sont, pour la plupart, de petits tableaux bizarres, naïfs, volontairement malhabiles et qui, pourtant, possèdent une extraordinaire force d'évocation [...]. Quelle étrange force y a-t-il donc dans ces poésies de Levet ? J'avais entendu réciter celle-là [il s'agit de *République Argentine — La Plata*] par Valery Larbaud et par Marcel Ray qui l'avaient apprise par cœur. Je l'ai entendue une fois et j'en ai gardé un souvenir très net. Il y a, dans cette autorité avec laquelle ce croquis s'impose à la mémoire, quelque chose de mystérieux.

(*Journal du Peuple,* 12 juillet 1921)

MAURICE CONSTANTIN-WEYER

Maurice Constantin-Weyer (1881-1964) vécut de nombreuses années au Canada, où il fut fermier, bûcheron, marchand de chevaux et de fourrures. En 1928, il fut lauréat du prix Goncourt pour Un homme se penche sur son passé.

Léon-Paul Fargue et Valery Larbaud viennent de réunir en un volume les poèmes de Levet, jusqu'ici épars dans des revues périmées ou des plaquettes introuvables. Mademoiselle Monnier — Ah ! qu'elle est vraiment l'Amie des livres ! — en a fait une charmante et rare édition, bonheur des lettrés aujourd'hui, désespoir des bibliophiles demain. L'auteur de *Barnabooth*, et celui de *Tancrède*, ont préfacé ce pieux recueil d'un savoureux dialogue, sorte d'estampe japonaise où la silhouette de Levet, si vivante, s'agite en valeur au milieu de ces jeunes chercheurs d'or, qui, suivant l'exemple de Rimbaud et celui de Laforgue, quittèrent les chemins battus pour tenter d'arracher à l'inexploré ses trésors, et dont beaucoup moururent à la tâche d'ouvrir la Voie.

C'est en 1899, chez Jacques Villon, dont l'atelier, rue Caulaincourt, était contigu à celui de Francis Jourdain, que je rencontrai Levet pour la première fois.

Maigre et long, osseux, le nez en coupe-vent légèrement gauchi, britannique de tenue et d'accent, tel était Levet, ou plutôt Henry J.-M. Levey, — il avait anglicisé son nom, — alors qu'il posait pour Villon le principal personnage d'une affiche des *Noctambules*.

Tout en posant, il nous racontait, en raccourcis étonnants, le voyage qu'il venait de faire aux Indes, d'où il avait rapporté des souvenirs précis, — qu'il s'amusait à déformer — trois étonnantes *cartes postales* : *Outwards*, *British India* et *Homewards*, et la seconde partie de son roman *L'Express de Bénarès*, hélas perdu.

Rapidement lié avec lui, je pris l'habitude d'aller rue Lepic m'étendre sur la chaise longue en rotin et bois de teck qui avait connu les rêveries du *homewards*, à bord de l'*Indus*. Levet prenait alors le manuscrit de *L'Express de Bénarès*, et lisait au hasard un de ces étonnants chapitres où vivaient de la vie la plus réelle, des personnages. Sir Thomas Whance [*sic*], Betty, Boule d'Opprobre, le commandant Drappeau (oh ! que ces deux p. claquent avec une emphatique et vide sonorité), le comte de Watterloo [*sic*], le Maître des Éponges, le Fakir de Bénarès...

... Il y en avait une telle liste, que Levet, homme d'ordre, l'avait épinglée au mur, à côté d'un vocabulaire de jurons anglais et d'un horaire des chemins de fer indiens. Et c'était, dans ce livre, tout un poème de joies misérables, de drames grotesques, de douleurs ridicules, de bonheurs insensés. Quelque chose de très, très humain, de la vie dominée par la mort — tout cela fortement pensé, largement écrit.

Car ce poète de vingt-cinq ans, à la recherche du lien fragile et toujours brisé qui unit l'homme à la nature, commençait alors à dégager du chaos des sensations leurs éléments essentiels. Vous allez lire les poèmes de Levet. Des superpositions d'images du *Drame de l'Allée* et du *Pavillon* ne concluez pas à l'hermétisme. Rien ne serait plus faux. Levet est visité par le démon de l'ellipse, et par celui de l'analogie, qui lui inspirent de délicates trouvailles. Mais surtout, entre tant de détails exquis, qui lui semblent d'égale valeur, Levet ne sait pas encore choisir. Et il les exprime avec une délicieuse abondance.

Les fleurs de Kate Greenaway plaquant ses notes
Claires au park, imbu d'ombres et de brouillard
... Voici qu'un soir bleu rare a béni mon autel!
— Cent mains pascales de glycine...
... Quand l'orage calme le front aux baisers moite
Et que la ronde d'enfants s'arrête et s'étonne.

Par quel sortilège le poète sait-il déjà dans les premières œuvres la puissance des mots qui vont chercher au fond de nos âmes des souvenirs pareils à des roses séchées et dont le parfum a un charme si subtil?

Mais, lorsque deux ou trois ans plus tard, il écrira les *cartes postales*, voyez comme il s'est mûri, et comme il est déjà, si complètement le maître de sa pensée.

... Le soleil se couche en des confitures de crimes
Dans cette mer plate, comme avec la main.
... Dans Eden Garden, grince la musique épicée des cipayes.
... Les railways rampent dans la jungle ensoleillée.

Comme Laforgue, comme Rimbaud, Levet a les dons qui font le grand poète. Comme eux, il excelle à trouver les rapports cachés qui font vibrer harmonieusement les choses. Coloriste, il possède d'instinct la théorie des complémentaires, et, lorsqu'il a conquis son art — par quel travail! — il dessine d'un trait mordant l'ossature de son paysage, qu'il rehausse d'une aquarelle limpide lavée dans une seule goutte d'eau. Alors, dans les dernières poésies, rien que d'essentiel, mais tout l'essentiel. En somme, un peintre et un poète de la grande lignée.

Ces dons si rares, il ne put, hélas, les réaliser complètement. En 1906, à trente-deux ans, Levet mourut à Menton, sans avoir pu achever *L'Express de Bénarès*, l'œuvre qu'il aima, choya, travailla et polit avec passion, émailla de ses plus mystérieux poèmes, et de ses plus lumineux — *Le Pavillon*, le triptyque des *Voyages* — et qu'il faut souhaiter qu'une main pieuse retrouve dans les papiers du poète.

La mort ne l'a pas surpris. L'état précaire de sa santé l'avait obligé à abandonner la Carrière, et c'est sur la côte d'Azur qu'il est venu mourir, comme il l'avait écrit à Francis Jourdain :

J'aurai un fauteuil roulant « plein d'odeurs légères »
Que poussera lentement un valet bien stylé :
Un soleil doux vernira mes heures dernières
Cet hiver, sur la Promenade des Anglais.

(*La Vie*, 1er septembre 1921)

BIBLIOGRAPHIE

Le Drame de l'Allée, études. Paris, Charles Renaudie, 56, rue de Seine, 9 × 6,16 pages (achevé d'imprimer du 25 septembre 1897). Réédition à l'identique, à cent exemplaires, pour le compte des Éditions des Cendres et de La Maison des Amis des Livres, Paris, juillet 2000.

Le Pavillon ou la Saison de Thomas W. Lance, Petit Poème cultique. Préface d'Ernest La Jeunesse, décorations de Müller. Paris, collection bibliophile de *L'Aube* (26 quai d'Orléans), 1897, 28 pages, 18 × 21.

Poèmes, précédés d'une Conversation de MM. Léon-Paul Fargue et Valery Larbaud. *Deux Poésies. — Le Drame de l'Allée. — Le Pavillon* (avec la préface d'Ernest La Jeunesse). — *Cartes Postales.* Portrait par Müller. La Maison des Amis des Livres, 7, rue de l'Odéon, Paris, VIe, MCMXXI. 88 pages. Format 14 × 19,5. Ouvrage tiré par Maurice Darantiere à Dijon à 635 exemplaires, dont : 12 ex. sur Hollande Van Gelder numérotés de 1 à 12 ; 40 ex. sur vergé d'Arches numérotés de 13 à 52 ; 500 ex. sur vergé (Book-paper) numérotés de 53 à 552. Hors commerce : 3 ex. sur Hollande Van Gelder, marqués aux noms des éditeurs ; 30 ex. sur vergé d'Arches, numérotés de I à XXX ; 50 ex. de presse non numérotés.

Poèmes de Henry J.-M. Levet. Imprimés à l'Île de Java en trente exemplaires [Stols et Du Perron] S.d. [1935.]

Poèmes. Paris, Gallimard, collection « Métamorphoses » (XVIII), 1943. Il a été tiré deux mille deux cents exemplaires sur papier de châtaignier, dont deux cents exemplaires de presse. Cinq cent cinquante exemplaires, prélevés sur ce tirage, dont quarante exemplaires de presse, ont été reliés d'après la maquette de Paul Bonet.

Poèmes. Paris, Le Pont de l'Épée, 1979. Portrait par Piet. Tiré à part à deux cents exemplaires des Poèmes parus dans le n° 69 (3e trimestre 1979) de la revue *Le Pont de l'Épée*.

Rapport sur les origines hindoues de l'art Khmer. S.l. Chez Maurice Imbert, 1985. Imprimé à cinquante exemplaires sur Japon bambou blanc.

Cartes Postales. Paris, La Table Ronde, collection « La Petite Vermillon », 1993. Préface de Michel Bulteau. En couverture photographie de l'*Armand-Béhic* (Compagnie Générale Maritime). Contient, outre les *Poèmes*, quelques *Proses* parues dans *Le Courrier français* : *Un « jeune »*, *Lettre au directeur du Courrier français*, *Ballade libre de rime comme de raison*, *Chanson*, *Les Attelages*, et, sous le titre *Poésies et chansons : L'Esthète*, *Sonnet d'album*, *Vers pour le mirliton d'une patineuse*, *Impression d'hiver*, *Le Coche manqué* et *Parades*.

À l'exception de *Le Coche manqué* et *Parades*, Michel Bulteau avait publié ces poèmes à la suite de son article « Un poète mythique : Henry Jean Marie Levet » (*La Nouvelle Revue de Paris*, mars 1985).

À consulter

Cahiers des Amis de Valery Larbaud, n° 12, Vichy, mai 1974. Contient :

— *Récit de la visite aux parents de Henry J.-M. Levet*, extrait du *Journal de Quasie* de Valery Larbaud, 2 mars 1911.

— *Préface à Levet* (exemplaire de travail de Léon-Paul Fargue).

— *Larbaud éditeur de Levet*, d'après sa correspondance et divers documents, par Maurice Saillet.

— Henry Levet : *Quelques Poèmes et Proses du Courrier français* (1895-1896), c'est-à-dire : *Lettre au directeur du Courrier français*, *L'Esthète*, *Un « jeune »*, *Ballade libre de rime comme de raison*, *Chanson*, *Les Attelages*.

— *Levet poète parisien*, par Maurice Saillet.

— *Liste des manuscrits de Larbaud sur Henry J.-M. Levet*.

— *Bibliographie*, comportant toutes les contributions (47) de Levet au *Courrier français*.

Jean-Paul GOUJON et Maurice IMBERT. *Henri [sic] J.-M. Levet, ébauche de chronologie.* Paris, Association internationale des amateurs de Thomas W. Lance, 1985. Imprimé à cent exemplaires, tous numérotés, pour le quatre-vingtième anniversaire de la disparition de Henry Levet, poète cultique, aux dépens de l'Association internationale des amateurs de Thomas W. Lance.

Récit de la visite aux parents de Henry J.-M. Levet par Valery Larbaud. S.l. Maurice Imbert, 1991. Édité par les soins de Maurice Imbert pour le 80e anniversaire de la visite de Larbaud et Fargue à Monsieur et Madame Levet, à dix exemplaires sur vélin d'Arches et cent exemplaires sur vergé teinté.

G. JEAN-AUBRY, *Valery Larbaud, sa vie et son œuvre. La jeunesse (1881-1920)*, Monaco, Éditions du Rocher, 1949.

Louise RYBKO-SCHUB : *Léon-Paul Fargue*, Genève, Librairie Droz, 1973.

Jean-Paul GOUJON, *Léon-Paul Fargue*, Paris, Gallimard, « NRF Biographies », 1997.

Léon-Paul FARGUE-Valery LARBAUD, *Correspondance 1910-1946*, texte établi et annoté par Th. Alajouanine, Paris, Gallimard, 1971.

Valery LARBAUD-Marcel RAY, *Correspondance 1899-1937*, introduction et notes de Françoise Lioure, 3 vol., Paris, Gallimard, 1979-1980.

Valery LARBAUD, *Lettres à Adrienne Monnier et à Sylvia Beach 1919-1933*, correspondance établie par Maurice Saillet, Paris, IMEC Éditions, 1991.

Je tiens à remercier M. Maurice Imbert, qui a bien voulu m'ouvrir sa collection personnelle.

POÈMES

DOSSIER

*Ce volume,
le trois cent soixante et unième
de la collection Poésie,
a été composé par Interligne et
achevé d'imprimer sur les presses
de l'imprimerie Bussière à Saint-Amand (Cher),
le 5 juin 2001.
Dépôt légal : juin 2001.
Numéro d'imprimeur : 13507.*

ISBN 2-07-041838-3./Imprimé en France.

99409